吉林外国语大学博士启动基金资助出版
本书受2023年度吉林省教育厅科学研究项目资助（项

BIAN GE LINGDAOLI YU TUANDUI ZIYUAN PINCOU:
GETI HE TUANDUI CENGMIAN

变革领导力与团队资源拼凑：个体和团队层面

◆鲍明旭 著

吉林大学出版社

·长 春·

图书在版编目(CIP)数据

变革领导力与团队资源拼凑：个体和团队层面 / 鲍明旭著. . —长春：吉林大学出版社，2023.9
ISBN 978-7-5768-2055-3

Ⅰ.①变… Ⅱ.①鲍… Ⅲ.①企业领导学②企业管理—组织管理学 Ⅳ.①F272.9

中国国家版本馆 CIP 数据核字(2023)第 172221 号

书　　名：变革领导力与团队资源拼凑：个体和团队层面
BIANGE LINGDAOLI YU TUANDUI ZIYUAN PINCOU：
GETI HE TUANDUI CENGMIAN

作　　者：鲍明旭
策划编辑：黄国彬
责任编辑：张维波
责任校对：李潇潇
装帧设计：姜　文
出版发行：吉林大学出版社
社　　址：长春市人民大街 4059 号
邮政编码：130021
发行电话：0431—89580028/29/21
网　　址：http：//www.jlup.com.cn
电子邮箱：jldxcbs@sina.com
印　　刷：天津鑫恒彩印刷有限公司
开　　本：787mm×1092mm　　1/16
印　　张：11.75
字　　数：180 千字
版　　次：2023 年 9 月　第 1 版
印　　次：2023 年 9 月　第 1 次
书　　号：ISBN 978-7-5768-2055-3
定　　价：68.00 元

版权所有　翻印必究

前　言

随着中国经济发展步入新常态，逐渐形成了以"创新－创造－创业"为主要模式的"大众创业、万众创新"的创业型经济增长方式。然而对于新创企业而言，由于"新生弱性"和"小而弱性"，导致其很难从外部获取资源，缺乏重要的资源禀赋还会限制其创新能力（Senyard et al., 2014），因此资源约束成了许多新企业发展中的常态（祝振铎、李非，2017），如何有效利用手头现有资源是众多新创企业关注的核心问题。近年来，随着资源拼凑这一概念的出现（Baker & Nelson, 2005），学者开始将其视为应对新企业资源稀缺问题的有效途径（Halme et al., 2012），常被用于解释新企业如何解决资源约束问题（Senyard et al., 2014）并创造竞争优势（Steffens et al., 2010）。随着知识经济时代的到来，团队逐渐成为新创企业的主要工作单元（Frazier, 2009；张艳清等，2015），其在企业中的重要作用已经得到了学者的广泛认可（蔡亚华等，2013）。团队作为企业资源拼凑过程中重要的参与主体，团队资源拼凑对于解决企业资源约束问题具有重要的现实意义。然而，现有关于资源拼凑的研究更多关注组织层面（Cunha, 2005），并将其视为创业者个人或创业企业的行为（梁强等，2013），团队层面的拼凑研究尚未得到学者应有的重视。因此，研究团队资源拼凑行为是一个具有理论和现实意义的前沿科学问题，既能从团队这一全新视角丰富和拓展资源拼凑相关研究，还为新企业突破资源约束提供了新思路。

尽管团队资源拼凑能够有效缓解资源约束问题，但拼凑行为的发生还需要外在推动力（Steffens et al., 2009），其驱动机制仍有待进一步挖掘和探索。潘罗斯（Penrose, 1959）注意到即使企业以看上去相似的资源为开端，这些资源也可以提供不同的服务，产生不同的效能，并且会因不同管理者在认知和能力上的差异，产生不同的资源组合和资源利用方式。因此，要想提高团队资源拼凑的有效性，还需要团队领导发挥其智慧和创造能力(Domenico et al.，2010)，变革领导力是领导者变革性和创造性的最直接体现，变革领导者不仅自身体现了极强的变革性和创造性，对团队整体和团队成员的积极性和创造性也具有重要的驱动作用(Wang & Zhu，2011)。基于此，本研究从变革和创造的视角，整合变革领导理论和资源拼凑理论，研究了变革领导力对团队资源拼凑的解释和预测作用，并以两者间作用关系作为模型的主线，探究其影响机理。

此外，团队成员在拼凑过程中的积极参与和创造性发挥对提高团队资源拼凑的效率和有效性也具有重要影响(Cunha，2005)。因此，本书展开跨层面研究，从员工个体和团队整体两个层面揭示变革领导力对团队资源拼凑的作用机理。在个体层面，从人力资源管理的视角，考察了员工建言和员工心理安全的路径作用；在团队层面，从团队建设和团队治理的视角，考察了团队认同、团队激情和团队知识治理能力的路径作用。并且随着跨层面研究的兴起(Klein et al.，1994)，从不同层面分解变革领导力的构念已成为目前变革领导力研究的前沿和热点问题(Kirkman et al.，2009；Wu et al.，2010；Zhu & Bao，2017)。因此，本书将变革领导力分解为个体导向和团队导向两个层面进行研究，并构建了变革领导力、员工建言、员工心理安全、团队认同、团队激情、团队知识治理能力和团队资源拼凑之间的关系模型，旨在揭示个体导向变革领导力和团队导向变革领导力对团队资源拼凑的直接作用，员工建言和团队认同的中介作用，以及员工心理安全、团队激情和团队知识治理能力的调节作用。

最后需要说明的是，本书由笔者的博士论文整理而成。

目 录

第一章 导论 …… (1)

第一节 研究背景和问题提出 …… (1)

第二节 研究目的与意义 …… (4)

一、研究目的 …… (4)

二、研究意义 …… (5)

第三节 研究主要内容 …… (6)

第四节 研究方法与技术路线 …… (9)

第二章 理论基础与文献综述 …… (12)

第一节 相关理论基础 …… (12)

一、知识治理理论 …… (12)

二、社会认同理论 …… (18)

三、资源基础理论 …… (21)

四、自我决定理论 …… (27)

第二节 变革领导力相关研究 …… (36)

一、领导风格理论回顾 …… (36)

二、基于不同研究视角的变革领导力实证研究梳理 …… (36)

三、变革领导力研究的理论分支 …… (40)

四、变革领导力的跨层面研究 …… (43)

第三节　资源拼凑相关研究 …………………………………… (45)
　　一、资源拼凑的类型 ………………………………………… (45)
　　二、资源拼凑的实证研究 …………………………………… (47)

第三章　变革领导力对团队资源拼凑影响的理论模型构建及假设提出
………………………………………………………………… (51)

第一节　相关概念界定 ………………………………………… (51)
　　一、变革领导力 ……………………………………………… (51)
　　二、员工建言 ………………………………………………… (53)
　　三、员工心理安全 …………………………………………… (54)
　　四、团队认同 ………………………………………………… (55)
　　五、团队知识治理能力 ……………………………………… (57)
　　六、团队激情 ………………………………………………… (58)
　　七、团队资源拼凑 …………………………………………… (61)
第二节　概念模型的提出 ……………………………………… (63)
第三节　变革领导力对团队资源拼凑的影响研究 …………… (67)
　　一、变革领导力对团队资源拼凑影响关系的研究 ………… (67)
　　二、个体导向变革领导力对员工建言影响关系的研究 …… (70)
　　三、员工心理安全对个体导向变革领导力与员工建言间关系调节作
　　　　用的研究 ………………………………………………… (71)
　　四、员工建言对团队资源拼凑影响关系的研究 …………… (73)
　　五、团队导向变革领导力对团队认同影响关系的研究 …… (74)
　　六、团队认同对团队资源拼凑影响关系的研究 …………… (75)
　　七、员工建言在个体导向变革领导力和团队资源拼凑间中介影响的
　　　　研究 ………………………………………………………… (77)
　　八、团队认同在团队导向变革领导力和团队资源拼凑间中介影响的
　　　　研究 ………………………………………………………… (78)
　　九、团队激情对个体导向变革领导力与员工建言间关系调节作用的
　　　　研究 ………………………………………………………… (80)

十、团队激情对团队导向变革领导力与团队认同间关系调节作用的研究 ………………………………………………………… (81)

　　十一、团队知识治理能力对员工建言与团队资源拼凑间关系调节作用的研究 ……………………………………………………… (83)

　　十二、团队知识治理能力对团队认同与团队资源拼凑间关系调节作用的研究 ……………………………………………………… (84)

第四节　研究假设汇总 …………………………………………………… (86)

第四章　变革领导力对团队资源拼凑影响的研究方法设计 …………… (88)

第一节　研究设计 ………………………………………………………… (88)
　　一、调研方法 ………………………………………………………… (88)
　　二、问卷设计 ………………………………………………………… (88)

第二节　初始量表设计 …………………………………………………… (90)
　　一、变革领导力量表设计 …………………………………………… (90)
　　二、员工建言量表设计 ……………………………………………… (94)
　　三、员工心理安全量表设计 ………………………………………… (95)
　　四、团队认同量表设计 ……………………………………………… (97)
　　五、团队激情量表设计 ……………………………………………… (99)
　　六、团队知识治理能力量表设计 …………………………………… (101)
　　七、团队资源拼凑量表设计 ………………………………………… (102)
　　八、控制变量的选择 ………………………………………………… (103)

第三节　量表问项甄选 …………………………………………………… (104)

第四节　样本数据收集 …………………………………………………… (108)
　　一、样本选择 ………………………………………………………… (108)
　　二、数据收集 ………………………………………………………… (109)

第五节　同源偏差分析 …………………………………………………… (111)

第六节　信度效度检验 …………………………………………………… (112)
　　一、信度检验 ………………………………………………………… (112)
　　二、效度检验 ………………………………………………………… (113)

第五章 变革领导力对团队资源拼凑影响的实证分析 …………… (120)

 第一节 描述性统计分析与相关分析 ……………………… (120)

 第二节 回归分析 …………………………………………… (122)

  一、变革领导力对团队资源拼凑影响的回归分析 ……… (123)

  二、员工心理安全调节作用的回归分析 ………………… (124)

  三、员工建言中介作用的回归分析 ……………………… (125)

  四、团队认同中介作用的回归分析 ……………………… (126)

  五、团队激情调节作用的回归分析 ……………………… (128)

  六、团队知识治理能力调节作用的回归分析 …………… (130)

 第三节 假设检验结果分析 ………………………………… (131)

第六章 变革领导力对团队资源拼凑影响的讨论与启示 ………… (133)

 第一节 研究结果讨论 ……………………………………… (133)

 第二节 管理实践启示 ……………………………………… (138)

第七章 结论与展望 ……………………………………………… (141)

 第一节 研究的主要结论 …………………………………… (141)

 第二节 研究的创新性 ……………………………………… (142)

 第三节 研究局限及未来展望 ……………………………… (144)

参考文献 ………………………………………………………… (147)

附录 ……………………………………………………………… (175)

第一章 导 论

第一节 研究背景和问题提出

资源作为创业的关键要素之一，对新企业的生存和发展至关重要（Hoegl et al.，2008）。然而，由于新创企业与生俱来的小而新的成长劣势和弱性，以及其缺乏绩效记录和合法性（Stinchcombe，1965），资源约束成了许多新企业发展中的常态（Senyard et al.，2014）。正如阿尔德里奇（Aldrich，1999）所说，大多数企业在创建和发展初期并不是总能得到他们想要的和需要的资源。这些企业为了缓解资源约束带来的不利影响，往往将拼凑视为其首要选择（Baker & Nelson，2005；苏芳等，2016），通过创造性地整合和利用现有资源（Baker & Nelson，2005；Garud & Karnoe，2003；Stenholm & Renko，2016），或重新利用被忽视的资源（Desa & Basu，2013）等方式为新企业创造新的机会和更高的价值（Baker & Nelson，2005；Garud & Karnoe，2003）以弥补其资源不足的问题。在这个过程中，新企业更容易累积有价值的、稀缺的、难以模仿和难以替代的战略性资源（Barney，1991），不仅能够有效缓解资源约束问题（Senyard et al.，2014），更能够为新企业创造竞争优势（Steffens et al.，2010）。

近年来，资源拼凑作为突破新企业资源约束问题的关键途径（Senyard et al.，2010；Stenholm & Renko，2016），已经开始引起学者的更多关注

(Senyard et al., 2009；Desa & Basu, 2013)，并开启了创业领域的崭新研究课题。但资源拼凑的研究还处于相对初级的阶段，尽管有些研究证实了资源拼凑对企业绩效的影响(Senyard et al., 2010)，并致力于探讨资源拼凑与创新和创造的关系(Gundry et al., 2011；Senyard et al., 2014)，但对于新企业如何进行有效拼凑的问题还缺少清晰的解答，关于资源拼凑前因变量的研究还亟待深入(祝振铎，2015；于晓宇等，2017)。

现有关于资源拼凑的研究更多关注组织层面(Cunha, 2005)，并将其视为创业者个人或创业企业的行为(梁强等，2013)。然而，随着知识经济时代的到来，团队逐渐成为企业的重要组成单元(Frazier, 2009)，在企业中发挥无可替代的作用(张艳清等，2015)。团队作为企业资源拼凑过程中重要的参与主体，同样存在拼凑行为，然而迄今为止还未有学者关注团队层面的资源拼凑问题，更忽视了团队在资源拼凑过程中的重要作用。因此，研究团队层面的资源拼凑对于丰富资源拼凑理论具有重要意义，探索团队资源拼凑的前因和结果变量也成为亟待解决的问题。

由于资源拼凑自身具有创造性本质(Baker & Nelson, 2005；赵兴庐等，2017)，对新企业的工作团队而言，要想达到团队资源拼凑效果最大化，更要依赖管理者的变革性和创造性，而变革领导力是管理者变革性和创造性的最直接体现(Wang & Zhu, 2011)。变革领导者不仅自身体现了极强的变革性和创造性，对团队成员和团队整体的积极性和创造性也具有促进作用(Wang, 2011；冯彩玲，2017)。但是有关管理者领导方式对团队资源拼凑的影响的研究还未有学者涉及，变革领导力对团队资源拼凑会产生何种作用这一课题也未得到应有的重视。

与此同时，随着多层面研究在组织科学中的兴起(Klein et al., 1994)，近年来，学者开始从不同层面探讨变革领导力的影响差异(Kirkman et al., 2009；Wu et al., 2010；Zhu & Bao, 2017)。研究发现，变革领导力的构念可以从个体和团队两个层面进行分解(Kirkman et al., 2009)，即个体导向(individual-focused)变革领导力和团队导向(team-focused)变革领导力(Schriesheim et al., 2009)，并关注个体和团队导向变革领导力的区别、联系，以及产生的组织效能(Wu et al., 2010)。在此背景下，对变革领导力进行跨层面研究显得尤为重要，分别探讨个体和团队导向变革领导力如何以及怎样对团队资源拼凑产生影响具有重要意义。

在团队中，虽然领导者自身的独立奋斗必不可少，但团队整体的凝聚力与团队成员间的合作精神更能帮助新创企业在发展的道路上披荆斩棘、渡过难关，从而实现新企业的快速成长。员工作为企业战略实施和任务执行的主体，在团队活动中具有不容忽视的作用。团队成员间的互补与协作不仅能够降低新企业管理风险，还能够提高企业效能。为了实现更好的团队资源拼凑效果，还需要发挥团队成员的主观能动性，增强团队成员的参与感，更高效地完成团队任务，实现团队目标。因此，本书从团队整体和团队成员个体两个层面，通过跨层面研究，揭示团队导向变革领导力和个体导向变革领导力对团队资源拼凑的影响。

综上所述，团队资源拼凑作为解决新企业资源约束问题上新的探究方向，仅从理论和实践方面了解团队资源拼凑在解决新企业资源约束问题上的重要性是不够的，还需要进一步解决以下问题：首先，在新企业中的变革领导力对团队资源拼凑是如何作用的？变革领导力是否能够从个体和团队两个层面对团队资源拼凑产生跨层面影响？需要什么样的跨层面影响路径？其次，在个体层面和团队层面，变革领导力对团队资源拼凑的作用分别受到哪些因素的影响？依据知识治理理论、社会认同理论、资源基础理论和自我决定理论，是否可以将员工建言、员工心理安全、团队认同、团队知识治理能力和团队激情作为权变因素，以便进一步揭示变革型领导对团队资源拼凑的跨层面作用机理呢？最后，这些变量之间存在着怎样的作用关系？其具体路径是什么？是否能够有效促进团队资源拼凑行为的产生？这些问题是研究不同层面变革领导力对团队资源拼凑影响的重要环节，其解决与否不仅关系到能否深入分析不同层面变革领导力对团队资源拼凑的影响，更重要的是还关系到是否能够提高团队资源拼凑的效率和质量，进而为新企业获取独特的竞争优势，提高新企业的存活时长和概率。因此，解答这些问题成了本书的研究初衷。

第二节 研究目的与意义

一、研究目的

为了解决上述管理者如何促进团队资源拼凑行为的现实问题,以弥补现有理论研究的不足,本研究聚焦于新企业中的工作团队,基于变革领导理论、资源拼凑理论、知识治理理论、社会认同理论、资源基础理论、自我决定理论及相关文献的研究,构建了变革领导力对团队资源拼凑影响的理论模型,分别从个体和团队两个层面探讨其影响路径和作用机理,并通过大样本数据调研进行实证分析和讨论,分析研究结论的理论意义,并提出对新企业中团队资源拼凑活动的管理启示。本研究的主要目的包括以下三个方面:

(1)基于变革领导理论和资源拼凑理论,从变革和创造的视角,构建变革领导力与团队资源拼凑的作用关系模型,探索在中国情境下,团队如何有效地施行资源拼凑行为,并梳理个体和团队导向变革领导力对团队资源拼凑的影响路径。

(2)通过整理相关文献,在分析变革领导力对团队资源拼凑影响的过程中,识别个体层面和团队层面的作用路径,并通过探究员工建言、员工心理安全、团队认同、团队激情和团队知识治理能力在变革领导力与团队资源拼凑之间的权变作用,从个体和团队两个层面展开变革领导力对团队资源拼凑影响的跨层面研究。

(3)运用SPSS17.0软件和Amos22.0软件对调研样本数据进行验证性因子分析、描述性统计分析、相关性分析和回归分析,检验个体和团队导向变革领导力对团队资源拼凑影响的假设关系,并对检验结果进行分析和讨论,得出研究结论和相应的管理启示。

二、研究意义

(一)理论意义

虽然资源拼凑这一概念进入创业研究领域的时间不长,但其作为一种突破新企业资源约束的方式已经开始引起学者的广泛关注(Senyard et al.,2009;Domenico et al.,2010;Senyard et al.,2014;祝振铎,2015)。然而对资源拼凑的现有研究大多关注其对新创企业绩效和创新的影响(Senyard et al.,2014;Senyard et al.,2010;Gundry et al.,2011;赵兴庐等,2016),并将其视为创业者个人或创业企业的行为(梁强等,2013)。随着知识经济时代的到来,工作团队逐渐成为企业的执行主体,但现有关于资源拼凑的研究更多关注组织层面(Cunha,2005),而忽视了对团队层面资源拼凑行为的研究,针对团队如何有效进行资源拼凑这一问题还缺少清晰的解答,关于团队资源拼凑前因变量的研究还亟待深入(祝振铎,2015;于晓宇等,2017),其理论和实证研究也有待学者进一步探索。鉴于此,本书基于变革领导理论和资源拼凑理论,结合知识治理理论、社会认同理论、资源基础理论和自我决定理论,以突破新企业现有资源约束为研究视角,基于个体和团队两个层面分别进行跨层面研究,引入员工建言、员工心理安全、团队认同、团队知识治理能力和团队激情作为权变因素,深入探讨了变革领导力对团队资源拼凑的跨层面影响机理和作用路径,并通过大样本数据进行实证分析。这在一定程度上丰富和完善了资源拼凑的研究范畴,从崭新的研究层面和研究视角深入探讨了变革领导力对团队资源拼凑的影响,极大地丰富和拓展了资源拼凑的研究成果,并推广了资源拼凑在新企业创业管理过程当中的应用。

(二)实践意义

资源对于新创企业的生存和发展至关重要(Hoegl et al.,2008)。但由于新创企业往往缺乏合法性(Stinchcombe,1965),且缺少技能或必要的财力获取外部资源(Brush et al.,2006),因此资源约束通常是许多新企业的常态(Senyard et al.,2014),大部分创业者都会面临严峻的资源约束问题(Shepherd et al.,2000)。当面对这种生存挑战时,企业会更加依赖手边现有资源,通过对手头资源进行重新整合和创造性利用,并发掘新用途以解决新问题和开发新机会。资源拼凑反映的正是这样一种模式。由于我国正处于经济转型期，导致我国的创业情境具有独特性，新创企业在面临机遇和挑战的同时也会面临日益严重的资源约束问题（祝振铎、李新春，2016），这时有效的资源拼凑对我国新企业就显得尤为重要。因此，本书是在我国创业情境下进行研究的，通过调查问卷、深入访谈和现场观察等方式，对我国新创企业运用资源拼凑这一模式进行分析，通过创造性地整合利用现有资源以促进创业成功，并对实现新企业的生存和成长具有重要的实践意义。

第三节 研究主要内容

作为团队资源拼凑的执行和能动主体，团队领导与团队成员具有不同的分工，团队领导更多体现在战略制定和资源配置层面，团队领导既能够推动团队成员整体的资源拼凑效率，也能够有效分配团队成员个体的拼凑任务，而团队成员个体则更多体现在战略执行与资源整合利用方面，这两者对团队资源拼凑的效率和有效性、对新企业的生存和发展都具有不可或缺的作用。因此，从团队整体和团队成员个体两个层面探索新企业的团队资源拼凑行为对于丰富资源拼凑理论具有至关重要的作用。同时，研究影响团队资源拼凑的前置变量和权变因素也成为资源拼凑领域亟待解决的问题。本书针对现有团队资源拼凑前因变量的理论研究不足，以及新企业如何有效进行团队资源拼凑以解决资源约束问题的现实需求，结合国内外研究成果，以变革领导理论和资源拼凑理论为基础，系统整合知识治理理论、社会认同理论、资源基础理论和自我决定理论，构建概念模型，从个体和团队两个层面展开跨层次研究，揭示不同层面变革领导力对团队资源拼凑的影响机制，并挖掘员工建言、员工心理安全、团队认同、团队知识治理能力和团队激情的作用路径和权变作用。对于为新企业培育优秀的领导者和员工，制定以及实施优化的资源拼凑策略提供有效的理论参考和决策支持。本书的具体研究目标为：①基于变革领导理论和资源拼凑理论，从变革和创造的视角探索变革领导力对团队资源拼凑的直接影响；②从团队层面进行分析，考察团队认同在变革领导力与团队资源拼凑之间的中介作用,以及团队知识治理能力和团队激情的调节作用;③从个体层面进行分析,考察员工建言在变革领导力与团队资源拼凑之间的中介作用,员工心理安全对变革领导力与员工建言之间关系的调节作用,以及团队知识治理能力和团队激情的调节作用,如图1.1所示。

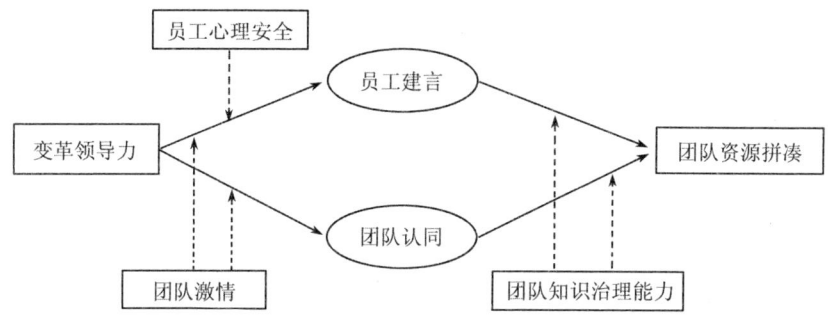

图 1.1 理论模型

本书按照实证研究规范,从导论、相关理论与文献综述、理论模型构建及假设提出、研究方法设计、实证分析、讨论与启示、结论与展望等部分展开研究,各章内容安排如图 1.2 所示。

第一章,导论。本章针对新创企业中存在的实际问题和现有理论研究不足,提出了本研究的主要研究问题,即基于个体和团队层面,研究变革领导力对团队资源拼凑的影响路径与影响机理。并通过阐明研究目的、理论意义和现实意义,对研究内容进行详细的安排,介绍研究过程中所应用的研究方法。

第二章,理论基础与文献综述。为了解决上述研究问题,本章通过对研究过程中涉及的知识治理理论、社会认同理论、资源基础理论和自我决定理论等相关基础理论中的主要观点及相关文献进行归纳和梳理,并对其在本书中的应用进行了总结与分析。针对变革领导力和资源拼凑相关的现有文献进行了综述,总结并提炼了相关研究观点,为后续研究提供了重要的理论基础。

第三章,变革领导力对团队资源拼凑影响的理论模型构建及假设提出。本章基于相关研究成果,对模型中所涉及变量的概念进行梳理,对变革领导力、员工建言、员工心理安全、团队认同、团队激情、团队知识治理能力和团队资源拼凑等变量进行准确的概念界定。接下来，根据变革领导理论和资源拼凑理论思想，构建变革领导力对团队资源拼凑行为影响的理论模型，从个体和团队两个层面揭示两者之间的影响路径，通过对模型中各要素之间的作用关系进行理论推导，明确了变量之间的影响机理。

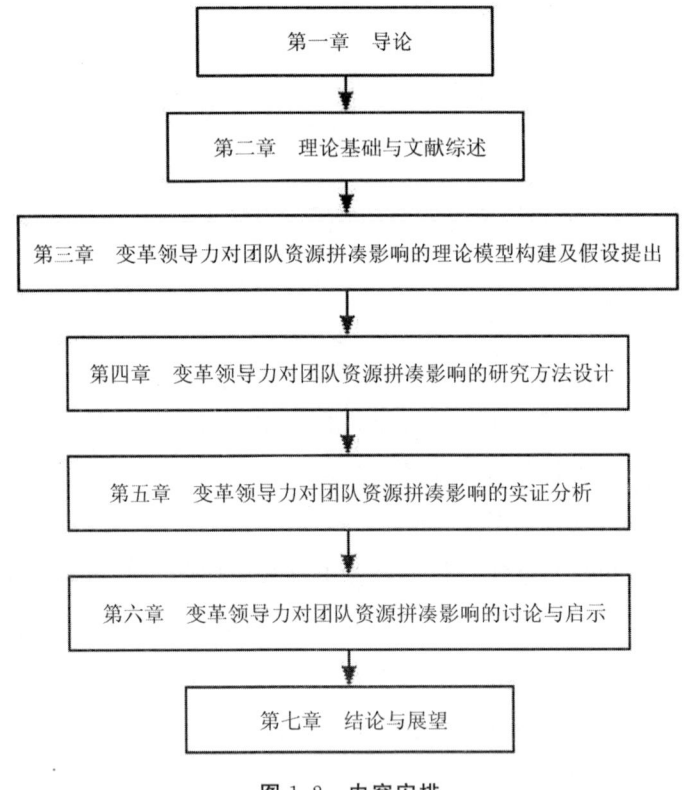

图 1.2 内容安排

第四章，变革领导力对团队资源拼凑影响的研究方法设计。首先通过对各研究变量进行初始量表设计、量表问项甄选和预调研等环节，确定正式的调查问卷；其次通过选择调查样本、发放问卷和数据回收整理等过程，完成396份样本的数据收集工作；最后通过对量表进行信度和效度检验，完成量表的可行性和有效性检查。

第五章，变革领导力对团队资源拼凑影响的实证分析。本章首先对样本数据进行了描述性统计分析和相关性分析，其次运用SPSS17.0软件对本研究提出的假设进行了回归分析检验；最后针对检验结果进行了详细的分析。

第六章，变革领导力对团队资源拼凑影响的讨论与启示。本章在上述检验结果的基础上，针对本书提出的研究假设进行了深入讨论，并提出相关的管理实践启示。

第七章，结论与展望。本章对全文进行总结，并提出了研究结论、创新点、研究的不足和未来研究方向。

第四节 研究方法与技术路线

本书采用理论研究与实证研究相结合、多种定量和定性相结合的研究方法。在研究过程中，对概念模型的构建主要采取理论研究方法，运用心理学、管理学和社会学等相关学科的理论知识和观点，并结合新企业的创业活动实践，提出相应的理论模型构架和相关研究假设。采取实证研究方法对理论模型进行检验，通过运用各种统计工具对调研数据进行实证分析，系统分析假设检验结果，深入探讨各变量之间的关系。涉及文献研究、问卷调查和实证研究等研究方法。

文献研究：本书使用变革领导力、员工建言、员工心理安全、团队认同、团队激情、团队知识治理、团队资源拼凑等关键词对国内外主流的文献数据库进行文献搜索，通过收集和整理，对相关文献进行略读，找出与本书研究主题相关的研究文献进行精读，在了解了最新研究进展、前沿研究方向和研究不足的基础上，提出了本书的理论模型构想和研究假设。

问卷调查：首先，本研究通过现场收集一手资料、与专家进行面对面访谈的方式进行新企业创业活动相关问题调研，为理论模型的构建提供了良好的现实基础。其次，为了验证理论模型，设计调查问卷，以书面的形式，分发给试调研对象，并通过修正处理后，形成正式的调查问卷。最后，采用抽样的方式，通过多种方式发放给符合要求的新企业，并对调查问卷进行数据收集，作为实证研究的数据基础。

实证研究：本书运用SPSS17.0软件和Amos22.0软件对调研数据进行描

述性统计分析和多元回归分析，以定量分析的方式检验提出的研究假设，经过严格的验证分析，科学地得出研究结论。

本书在现有文献和相关理论的基础上进行了总结，从个体和团队两个层面进行分析，构建了变革领导力、员工建言、员工心理安全、团队认同、团队激情、团队知识治理能力和团队资源拼凑之间关系的理论框架并提出了相关研究假设；通过对模型中涉及的变量进行量化，形成初始调查问卷；经过试调研，对问卷进行修正，并形成了正式的调查问卷；确定正式调研样本，通过抽样调查方式收集问卷；整理调研数据并对其进行实证分析；对检验结果进行讨论，得出研究结论及管理启示。本研究的技术路线图如图1.3所示。

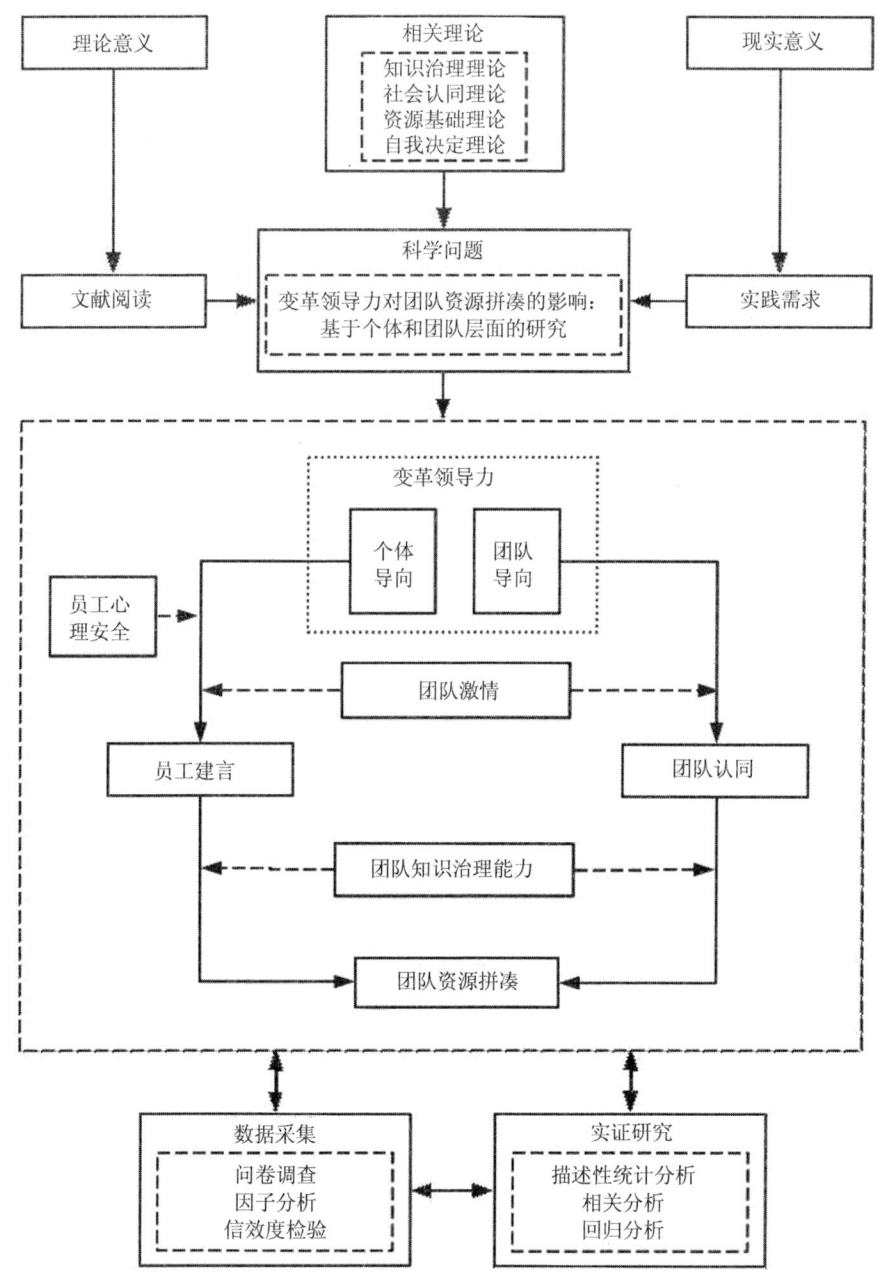

图 1.3 技术路线

第二章 理论基础与文献综述

本章通过梳理相关理论基础用以解释文中主要变量的来源,分析了相关理论在本书中的应用,并对主要变量的相关文献的研究脉络进行系统梳理,对研究进展进行评述,为本书后续的理论和实证研究提供重要的理论支撑。

第一节 相关理论基础

本书以知识治理理论、社会认同理论、资源基础理论和自我决定理论为理论基础展开研究,分别阐述了这四个理论的产生、发展及核心思想。

一、知识治理理论

1. 知识治理理论的产生及发展

近年来,随着经济的不断发展,越来越多的企业开始重视知识管理活动,并加以实践。这些企业把知识资源看作企业资源中最基本的要素,是企业获取无形资产和能力的重要战略资源(Grant,1996),对企业成长和塑造竞争优势具有重要作用(Kogut et al.,1993;Conner et al.,1996)。由于知识的复杂性和特殊性,导致仅依靠知识管理活动是不够的,还需要有与之相对应的组织机制和知识活动来优化知识管理过程。在知识管理的组织过程中,既有许多"硬"的因素(如制度设计、结构选择等),也有许多"软"的因素(如企业文化、组织信任等)。然而,在当代管理理论中,还没有哪种单一理论能够完全

第二章 理论基础与文献综述

涵盖其全部内容。因此,我们需要融合多学科去寻求一种解决办法,鉴于此,知识治理理论应运而生。知识治理的概念是由格兰多里(Grandori)在1997年首次提出的,他认为知识治理是对企业内、外部之间的知识交换、转移和共享等知识活动进行的治理。知识治理理论在其发展初期,作为一种新兴的理论,必然需要从某些成熟的学科和理论中寻找理论基础。结合已有研究,可以发现知识治理理论是以组织经济学和组织行为学为基础,参考了交易成本理论、企业知识理论和代理理论等众多领域发展而来的一种新兴理论,且表现为多学科融合的趋势。

交易成本理论作为知识治理理论的核心参考理论(张爱丽,2011),认为组织应该通过恰当的治理结构或组织形式促进联盟内部的知识共享和知识保护(Oxley & Sampson,2004)。然而,该理论成立的前提是假设知识交换不存在交易成本,因此企业的任何知识都是可以在市场上进行交易的,久而久之,这些知识都失去了其异质性,但是这与现实是完全不相符的。在实际生活中,知识交换具有相当大的交易成本,尤其以机会主义成本为最。有学者发现基于机会主义假设的交易成本分析不利于管理实践,会对管理者产生误导(Cornner & Prahalad,1996)。因此,对交易成本理论的发展或批判通常是对知识治理研究分析的起点(Grandori,2001;Mayer,2006)。

针对交易成本理论在解释某些经济活动时具有的局限性问题,众多学者进行了反思,德姆塞茨(Demsetz,1988)提出了一种替代性解释,他认为知识分工促使企业考虑知识获取和使用问题,企业维持所需知识的成本决定了企业的纵向边界。随后,格兰特(Grant,1996)提出了一种更加完整的"企业知识理论",用于替代原有的交易成本理论来解释企业的基本问题,这也是企业知识理论的主流观点(王健友,2007)。而知识治理的思想就起源于交易成本理论和企业知识理论之间的分歧与论争(王健友,2007)。在这种争论中,学者逐渐开始摸索着运用企业资源、企业知识和组织认知等理论对交易成本理论进行修正,尤其是进入20世纪后半期以来,隐性知识逐渐成了塑造企业竞争优势的来源(任志安,2006),很多学者认为有必要从知识、能力和认知局限性等视角重新认识企业的本质(王健友,2007)。企业知识理论基于知识的复杂性和隐性,解释了企业存在的原因、企业边界和内部结构等经济问题。

因此，知识治理理论是建立在企业知识理论的基础上发展而来的（Mayer，2006）。企业知识理论把企业视为知识集合体，认为治理形式的选择是受企业能力特性影响的（Madhok，1996）。企业知识理论更关注知识转移特性和治理形式选择之间的关系，而交易成本理论则更倾向于分析知识管理实践和治理之间的联系。因此，要想建立从知识转移特性到治理形式选择的路径，需要经过两个步骤，首先，建立知识转移特性与知识管理实践的关系，这个步骤需要企业知识理论的分析逻辑（Heiman & Nickerson，2002）；其次，建立知识管理实践与治理形式选择的关系，由于这个关系的建立更多地受机会主义行为的影响，因此需要交易成本理论的分析逻辑（Heiman & Nickerson，2002）。

2. 知识治理概念

由于不同学者的知识背景、理论研究视角和想要解决的问题各不相同，故而对于知识治理的概念衍生出了不同的理解。笔者整理了相关文献，系统总结了不同视角下对知识治理的内涵界定，具体内容见表2.1。

表2.1　知识治理理论的学科演化及其概念内涵界定

文献来源	理论视角	对知识治理的概念内涵界定
Heiman & Nickerso (2006)	组织经济学	知识治理是指通过对治理结构进行选择，设计合理的治理机制，使知识活动成本得到降低，并以最大化知识创造、共享和转移的净收益为目标
Peltokorpi(2006)	组织行为学	知识治理的核心是通过组织机制的设计和非正式组织实践，以促成组织成员贡献知识
Husted(2009)	人力资源	将社会化策略看作一种高效率、低成本的治理机制，在对知识员工进行分类的前提下，认为不同种类的知识员工需要与其类型对应的治理机制，使其在分享自有知识的同时，还能享受知识贡献所带来的预期收益

第二章　理论基础与文献综述

续表

文献来源	理论视角	对知识治理的概念内涵界定
Antonelli(2005)	信息经济学	知识治理是通过一系列不同的机制来塑造知识生产和使用的组织形式，包括制度、组织政策、公司战略、交易类型以及相互作用形式等
Choi et al.(2005)	社会人类学	知识治理是一种能够影响知识转移和知识流动的治理结构，包括交易、权利和赠与
Grandori(2001)	组织认知理论 企业知识理论	知识治理是对组织内和组织间的知识交换、转移和共享的治理，并对知识结点进行协调处理的机制
Zyngier et al.(2006)	知识管理	知识治理是分配权力和资源，体现在对知识管理审查、规制、监督、修正的过程，使知识管理战略得到有效实施

资料来源：作者根据相关文献整理

根据表 2.1 所示，可以看出，由于学者在研究背景和知识背景等方面存在差异，有些学者从认知视角看待知识治理问题，有些学者则更关注从知识管理的视角分析知识治理问题。虽然目前学术界对知识治理内涵的界定还未形成一个普遍接受的观念，但是无论这些学者的出发点是否一致，他们的关注点都在于组织运用何种机制影响知识资源的生产和利用，属于组织机制设计的范畴。

知识治理不仅能够对个体层面产生影响，还能够对组织层面或跨组织层面产生影响。在个体层面，企业能够通过各种正式或非正式的组织机制影响员工个体参与知识活动的行为和动机；在组织层面，企业能够通过合适的治理结构加强企业内部相关知识活动的效果；在跨组织层面，企业能够运用恰当的治理机制影响不同企业间的跨组织知识交流和共享。知识治理理论的价值正在于此，即知识治理理论解释了组织通过治理机制如何对知识活动（包括知识管理、知识创造、知识共享、知识转移等）产生影响的过程。

3. 知识治理机制

知识治理机制是指为了解决知识处理过程中存在的动力、认知和协调等问题，利用正式的（包括组织结构、制度安排等）或非正式的（包括文化、信任、惯例等）组织机制对知识活动产生有利影响的制度安排。知识治理理论的核心问题就是运用何种治理机制来影响知识活动过程。因此，合理选择知识治理机制就成了最为关键的因素。对于治理机制的分类，学者根据不同视角得出了不同的结果。

学术界普遍认同的分类观点是把知识治理机制分为正式和非正式治理机制两大类（任志安，2007；Foss，2007）。其中，正式的知识治理机制主要包括组织结构、奖励机制、规章、工作设计和领导权（Foss，2009）等。非正式的知识治理机制主要包括网络、信用、企业文化、管理方式、组织公平和管理层的支持等（Dyer & Hatch，2004）。正式和非正式知识治理机制虽然分类不同，但在企业实践中是可以同时使用的。

此外，有学者从可操作性的视角入手，认为知识治理机制可以分为科层、共同体和激励三种形式（Pedersen，2004）。他认为，科层式知识治理机制是利用显性的规则或命令，通过调整知识活动中的行为，增强知识活动主体的适应能力，促进知识的生产利用；共同体是指以通过形成利益共同体的方式，使知识活动主体能够以知识治理目标为重点展开活动的机制；激励式知识治理机制倾向于运用各种具有激励性质的手段，促使知识活动进入预设的知识治理轨道中（梁祺等，2012）。有学者从问题解决视角出发，认为治理机制可以分为三种类型，即市场机制、权威型科层和共识型科层（Nickerson & Zenger，2004）。这三种类型适合解决的问题复杂程度呈上升趋势，其中，市场机制适合解决可分解的问题，其复杂程度最低；权威型科层适合解决的问题复杂程度为中等；由于共识型科层在解决问题时会产生高额的组织成本，因此更适合用于解决不可分解的问题，其复杂程度最高。有学者根据社会交换理论把治理机制分为交易、合法资格和赠与三种类型（Choi et al.，2005）。其中，交易机制是以协调价格的方式对能够明确计量和评估价值的知识（如专利、技术等）进行的转移；合法资格机制是指企业经过法律授权或社会允许拥有获取某种知识的资格，使其能够进行知识转移活动；赠与机制是指赠与双方彼此信任，并自愿交流和分享知识的过程。有学者通过案例分析，发现管理权威在知识治理中起到重要作用，强调集权控制和物质激励在知识治理机制中的重要作用(梁祺等，2012)。有学者通过案例分析总结了三种知识治理机制，即结构化、过程化和关联化(Andreas，2012)。他认为，结构化知识治理机制更关注集权、知识主体的岗位设置和参谋群体的形成等方面；过程化知识治理机制侧重于知识管理策略，经费来源和知识活动的监控、报告等方面；关联化知识治理机制则聚焦于知识主体网络的形成，以及网络中各节点的关联、整合、转换等(梁祺等，2012)。

4. 知识管理、组织学习与知识治理的区别和联系

知识治理、知识管理和组织学习的内涵非常容易混淆(Pemsel et al.，2014)。虽然在影响知识管理过程和学习结果上这三者的概念和学科属性在很多方面有重叠，但是它们的影响范围却各不相同(Pemsel et al.，2014)。

组织学习就是通过创造有利于学习的环境来提高员工和组织的学习效果，帮助员工个体和群体获得知识并加深对特定领域的理解，进而利用这些知识改进行动的过程(Fiol & Lyles，1985)。因此，组织学习聚焦于组织间和个体间的相互学习(March，1991)，以及能够适应环境变化的组织能力。

知识管理关注的重点是对知识活动的管理。在知识管理相关文献中有一个被广泛接受的观点，即知识管理形成了一个循环的过程(Alavi & Leidner，2001；Davenport & Prusak，1998；Liebowitz，2005)，使组织内的知识识别、知识共享、知识应用和知识创造成为可能。

知识治理有别于知识管理和组织学习，强调通过使用治理机制来协调知识管理过程。与知识管理相比，知识治理更进一步，侧重于组织的微观和宏观层面之间的相互关系，以便确定恰当的治理机制促使组织达成既定的知识目标(Pemsel et al.，2014)。

有学者把知识治理置于知识相关的研究中，以区分知识治理、知识管理和组织学习这三个概念。虽然这三个概念的内涵都是针对组织内的现有知识和知识创造潜能的，但是它们是从不同角度看待知识管理过程，并且对知识的处理方法有不同的关注点。组织学习关注个体和群体的学习能力和适应变化的能力，知识管理往往关注知识活动和具体的知识过程，而知识治理则侧

重于组织能力，通过应用合适的治理机制改进知识管理过程(Pemsel et al.，2014)。

本书在研究团队知识治理能力时参考和借鉴了知识治理理论，团队知识治理能力的概念内涵是对知识治理理论的延伸和具体表现。以知识治理理论为基础，团队知识治理能力强调的是在团队对知识活动进行有效治理的过程中展现的能力，表现为团队对知识活动的改进能力、促进内部知识共享的能力和完善知识治理机制的能力。因此，知识治理理论对团队知识治理能力的研究具有借鉴意义，对于深入理解知识治理能力的作用过程和产生机理提供了重要的理论指导。

二、社会认同理论

1. 社会认同理论的产生背景

社会认同理论(social identity theory)的概念最早是由塔菲尔(Tajfel)在20世纪70年代提出的，随后特纳(Turner)又提出了自我归类的概念，使社会认同理论得到进一步发展和完善，并结合社会学和心理学的思想，逐渐形成了一套完整的理论体系。社会认同理论关注的是群体关系和归属对个体行为和社会关系的作用机理(Tajfel，1981)。在社会认同理论的形成过程中，有三种思想对其产生了深远影响，分别是种族中心主义、社会冲突理论和内群体偏向。

首先，种族中心主义(ethnocentrism)可视为一种偏见或歧视，这种特征在群体内和群体间的行为上有明显表现。具有种族中心主义的群体通常认为自己的价值观、生活方式和行为是最好的，是优于其他群体的，且这种现象具有一种普遍的倾向。成员从心理上认同所属群体，且对群体有严格的内外部划分，对群体内部具有积极偏见，而对群体外部通常具有消极偏见。当外部群体的特征与本群体相似程度较高时，成员对外部群体的偏见减弱。相对应的是，当外部群体的特征与本群体差异较大时，成员对外部群体的敌意越强烈。这种以本群体的特征为标准来衡量其他群体的态度，虽然容易产生偏见，但能够增强成员对本群体的认同感和忠诚度，促进群体稳定。

其次，社会冲突理论(realistic conflict theory)是由科塞(Coser)最早提出

的,他认为冲突的根源可以分成物质性和非物质性两类,其中,物质性的原因是指由资源、权力和地位等方面的分配不均导致的冲突;非物质性的原因是指由价值观和信仰等方面的差异导致的冲突。此外,科塞还把冲突分为三种类型,即现实冲突与非现实冲突、初级群体冲突与次级群体冲突、内部冲突与外部冲突。第一,基于手段与目标,学者将冲突分为现实冲突和非现实冲突。现实冲突是由于某种现实要求没有得到满足而采取的手段行为;非现实冲突中冲突本身就是目标,是由冲突中一方在释放紧张情绪时引起的现象。第二,初级群体冲突是由于成员之间的关系较亲密,使成员平时更多地压抑自己的情绪,经过长时间的积累,一旦冲突爆发,可能会非常激烈;而在次级群体中,由于成员之间的关系相对生疏,因此平时不需要压抑自己的情绪,成员可以随时表达自己的不满,冲突反而不易发生。第三,内部冲突是指在群体内部发生的冲突现象,且参与冲突的成员越多,冲突越激烈;外部冲突是指在不同群体间发生的冲突现象,不仅能够增强成员对群体的认同感,还能够强化群体的独立性。

最后,有学者发现群体成员对本群体产生的认同感会引起资源分配的倾向性(Otten & Mummendey,1999),即分给本群体的资源较多且评价较正面,这种现象就称为内群体偏向(in-group bias)。与之相对的是,分给外部群体的资源较少且评价偏向负向的现象就称为外群体歧视(out-group derogation)。此外,Tajfel(1970,1971)通过最简群体实验研究发现,成员意识到自身所属的群体身份是群体行为产生的最低条件(张莹瑞、佐斌,2006)。

2. 社会认同的过程

社会认同理论认为,人具有群体性,人们在社会生活中必然会选择一个或多个群体表明自己的成员属性,因为只有这样才会得到社会支持感和安全感。个体在选择加入某个群体时,首先要考虑的问题就是群体的类别,然后在成为群体成员后认同本群体的规定和价值观,进而比较不同群体的差异。基于此,社会认同理论认为社会认同的过程分为三个环节,即社会分类、认同和社会比较(Tajfel,1982)。

首先,基于 Turner(1985)提出的自我归类理论(self-categorization theory),他认为人们会依照某种标准自动地把社会中的群体分门别类。人们在确定不同群体标准的前提下，根据不同个体的特征，把符合统一标准的个体划分成一个群体。社会分类的目的就是建立起不同群体间的边界，这种边界是建立在不同群体的不同价值观和群文化上的(Tajfel & Turner, 1986)。这种分类方式不仅能够简化外在环境的刺激，还能够使成员加强对本群体特性的认识，从而产生某种预期反应(彭川宇，2003)。个体通过社会分类，会把自己定义成某个或多个群体的成员，并会将有利于己方的资源更多地分配给本群体。

其次，认同是指个体的某种属性符合某一群体的标准，从而获得加入该群体的资格，并成为该群体成员的一种认同感。这种认同感不仅会使个体感知自我的独特性，还能够共享其他群体成员的共同特性。在这个概念中包含两种含义，第一种是群体成员的资格认定，这属于社会认同的范畴；第二种是个体自身对成为群体内部成员的感受，这属于个人认同的范畴(彭川宇，2003)。社会认同理论认为，人们的认同水平是多层次的，不单单指社会和个人两个层次，还包括群体、团队和组织等。因此，能够清晰地区分与单一个体相对应的认同的内、外群体对单一个体而言具有重要意义。

最后，社会比较是指个体出于自我评价的需要而同其他与之类似的个体进行比较的行为，这个过程是通过积极区分原则实现的，人们可以通过与他人进行比较从而获得积极的自我尊重。比较通常会出现两种结果，即积极倾向和消极倾向。当比较结果是积极倾向时，个体通常认为本群体要优越于其他群体；而当比较结果为消极倾向时，个体为了凸显本群体的优越，会努力弱化本群体与其他群体的差距或重新选择一个方面进行比较。因此，群体成员往往会以积极的方式进行比较，展现所在群体积极的一面。

本书在研究团队认同时参考和借鉴了社会认同理论，以社会认同理论为基础，团队认同强调的是团队成员对团队产生的认同感，描述的是员工自我归类为团队成员，并对团队身份产生认同的过程。社会认同理论的自我归类、认同和比较的观点恰恰是员工产生团队认同的基础。因此，社会认同理论对本书进行团队认同相关研究提供了重要的理论支撑，有助于深入理解员工的团队认同心理和过程。

三、资源基础理论

1. 资源基础理论的发展历程

资源基础理论的演进历史大体可以归纳为四个阶段,即萌芽期、初生期、成长期和发展期(黄旭、程琳琳,2005)。首先,在理论形成的萌芽期,塞斯内克(Selznick)在 1957 年所著的《行政管理中的领导行为》一书中,首次提出了用"独特能力"(distinctive competence)这一概念来形容领导能力。他认为领导者如果具备独特能力,会使其任务完成得更好,并且能够完成独特的工作。这种想法恰恰揭示了资源基础理论的基本思想,即"各公司所具有的资源都是相异的"。进入理论初生期阶段,资源基础理论开始从单一的观念构想转变为对其理论支撑的讨论。最早提供理论支撑的学者是潘罗斯(Penrose,1959),在其所著的《企业成长理论》一书中,首次提出了"组织不均衡成长理论",基于企业内部视角来分析企业的竞争优势问题,为资源基础理论提供了经济学理论基础。Penrose(1959)认为企业就是"被一个行政管理框架协调并限定边界的资源集合",并且企业的竞争优势正是由那些稀缺的、独特的、难以模仿和替代的资源和能力构成的。他还注意到即使企业以看上去相似的资源为基础,这些资源也可以提供不同的服务,根据企业管理者认知能力的差异,他们会依照不同的方式组合这些资源,导致具有竞争性企业间的资源异质性,并使企业获得持续竞争优势成为可能。在理论成长期阶段,沃纳菲尔特(Wernerfelt,1984)首次在其所著的《企业资源基础论》一书中,明确提出了"资源基础观"(resource-based view,RBV)一词,Wernerfelt 首次提出以"资源"的视角分析企业战略,认为并非产品为企业带来高额利润,真正带来高额利润的是企业资源,并认为企业是有形资源和无形资源的独特组合,且能够形成"资源地位壁垒"。随后,明茨伯格(Mintzberg,1999)和安索夫(Ansoff,1987)提出了一种"资源基础理论范式",即"资源—战略—绩效"的基本框架,用于分析企业内部的资源分配和使用,这个框架体现了一种因果关系,即从资源到战略再到竞争力的逻辑,表明了资源基础理论的一种核心思想。企业竞争力上的差异可以由战略上的差异来解释,再通过进一步挖掘可以分析得出,企业竞争力的差异是可以由企业的资源差异来解释的(马昀,2001)。正是前期对资源基础理论的探索,得出的不同观点为后续的资源基础理论发展提供了重要的启发,同时也成了理论发展的重要基础。最后一个阶段,进入发展期,格兰特(Grant,1991)首次将"资源基础观"称呼为"资源基础理论"(resource-based theory,RBT),标志着"资源基础理论"开始以一个独立的理论形式出现在战略管理研究领域中。此外,Grant(1991)还提出了"内部审视"(introspective)的重要性,并从公司战略和事业部战略两个方面分析了战略与资源的关系,认为企业内部资源和能力能够对企业战略的发展方向提供指引。随后,贝特罗夫(Peteraf,1993)总结了资源必须满足的四个条件以促进企业的竞争优势,即①企业的异质性;②对竞争的事后限制;③不完全流动性;④对竞争的事前限制。而且在这一阶段,开始涌现出一系列关于资源基础理论的实证文章,这些研究通过数据分析,都证实了企业资源与能力的重要性。资源基础理论的演变过程见表2.2。

表2.2 资源基础理论的理论演变

演变阶段	理论概念	主要观点
萌芽期	独特能力	各公司所具有的资源都是相异的
初生期	组织不均衡成长理论	企业就是"被一个行政管理框架协调并限定边界的资源集合",企业的竞争优势正是由那些稀缺的、独特的、难以模仿和替代的资源和能力构成的
成长期	资源基础观 资源—战略—绩效	这个框架体现了一种因果关系,用于分析企业内部的资源分配和使用,即从资源到战略再到竞争力的逻辑,是资源基础理论的一种核心思想
发展期	资源基础理论 内部审视	企业内部资源和能力能够对企业战略的发展方向提供指引

资料来源:作者根据相关文献整理

2. 资源基础理论的理论流派

基于上述资源基础理论的发展历程,我们可以发现资源基础理论(RBT)的出现主要解答了两个问题,即"企业是什么"和"企业的长期竞争优势从何而来"(杨春华,2010)。学者根据资源基础理论的演进脉络,认为资源基础理论

第二章　理论基础与文献综述

形成了三个主要的理论流派,即传统资源基础理论、企业能力理论和企业知识理论(杨春华,2010)。

传统资源基础理论的研究学者主要代表有 Penrose(1959)、Wernerfelt(1984)等,他们认为,企业是"资源的独特集合体",企业所拥有和控制的特殊资源和战略资产构成了企业的长期竞争优势。传统资源基础理论的研究重心是"资源",由于资源的异质性,企业拥有的稀缺、独特和难以模仿的资源会导致不同企业间的差异,企业的竞争优势和成长策略是通过"资源"连接在一起的。"资源"作为企业最重要的分析单元,对企业获取超额利润和提高企业竞争优势具有关键作用(黄旭、程琳琳,2005)。然而,传统资源基础理论的研究忽视了企业中人的作用因素,资源异质性的背后是人的异质性(杨春华,2010)。资源需要通过人的配置才能够在企业中发挥作用,传统资源基础理论的观点会导致资源与资源配置者之间的分离。基于此,学者在对传统资源基础理论的思考和批判中,提出了企业能力理论(Prahalad & Hamel,1990)。

企业能力理论的研究学者主要有普拉哈拉德和哈默(Prahalad & Hamel,1990)、桑切斯和黑恩(Sanchez & Heene,1997)、蒂斯(Teece,1997)等,他们认为,企业是"能力的独特集合体",由企业的核心能力或动态能力构成了企业的长期竞争优势。Prahalad & Hamel(1990)首次提出了"核心能力理论"这一概念,并把保持和运用核心能力作为企业的长期战略,认为核心能力是企业保持竞争优势的源泉。Sanchez & Heene(1997)在其基础上,提出了"基础能力理论"这一概念,并认为具备综合性、系统性、整体性和认知性的基础能力研究是企业竞争战略的基本理论之一,在此基础上,还提出了能力的动力性构想,把能力的能动性视为形成能力和基础能力的主体。Teece(1997)基于能力的动力性思想,提出了"动态能力理论"这一概念,认为企业需要不断获取和整合能力以适应外部的环境变化,动态能力能够在给定的路径依赖和市场定位条件下,创造新的竞争优势(杨春华,2010)。然而,企业能力理论的研究忽视了企业获得核心能力的原因。实际上,隐藏在企业能力背后并决定企业能力的是企业所掌握的知识(余光胜,2000)。基于此,以知识为基础的企业知识理论便应运而生。

企业知识理论的研究学者主要有考加特和赞德(Kogut & Zander, 1992)、斯宾德(Spender, 1996)、Grant(1996)、余光胜(2000, 2005)等,他们认为,企业是"知识的独特集合体",企业的长期竞争优势来源于组织间的社会知识或集体知识。知识作为塑造企业竞争优势的根源,不仅包括企业内部的知识,更重要的是企业本身的默会知识(tacit knowledge),且由于知识的默会性,使之很难被竞争对手所模仿,为企业构造独特的竞争优势创造了有利条件。企业知识理论认为企业存在一种知识一体化的制度,知识作为生产过程中最重要的一项投入,其专业性会要求不同类型知识的专家协同作业、相互交流,使知识能够在企业内部流通、转移或共享,以促进企业高效地完成其生产活动(余光胜,2000)。并且由于各类型专家的知识专业化方向和程度的差异、能力差异和认知差异都会导致不同企业之间的差异性。因此,知识的异质性会导致企业的异质性,最终形成不同的竞争优势,导致不同的经营结果(余光胜,2000)。资源基础理论的理论流派见表2.3。

表2.3 资源基础理论的理论流派

理论流派	学者	理论观点
传统资源基础理论	Penrose(1959) Wernerfelt(1984) Barney(1991)	资源的独特集合体
企业能力理论	Prahalad & Hamel(1990) Sanchez & Heene(1997) Teece(1997)	能力的独特集合体
企业知识理论	Kogut & Zander(1992) Spender(1996) Grant(1996) 余光胜(2000, 2005)	知识的独特集合体

资料来源:作者根据相关文献整理

基于此,我们可以看出,资源基础理论的研究对象呈现出三个发展趋势,即层次化、动态化和无形化(杨春华,2010)。首先,研究对象从个体层面向企业层面过渡，体现了资源基础理论的层次化发展趋势。传统的资源基础理论主要研究对象集中在个体层面，分析资源的类别、关系和特征等。企业能力理论的研究对象则以企业层面为主，把企业视为一个整体，分析不同核心能力或动态能力对企业获取新的竞争优势的作用。其次，研究对象动态化。传统的资源基础理论的研究对象是静态的资源，并认为静态的资源就是企业竞争优势的源泉。企业能力理论和企业知识理论认为需要不断从外部获取能力和知识才能够形成企业的竞争优势，更关注在不断变化的外部环境下资源的动态性起到的重要作用。最后，研究对象从有形资源向无形资源转变。从传统的资源基础理论以有形资源分配为研究重点，发展到以能力、知识等无形资源为研究重点的企业能力理论和企业知识理论，体现了无形资源在企业中的地位和作用，这种研究方向得到越来越多学者的关注和重视。因此，以能力、知识、文化等无形资源为重点的研究已经成为未来的研究趋势。

3. 资源基础理论的主要观点

资源基础理论的研究有两个假设前提，即资源的"异质性"和资源的"非完全流动性"。Wernerfelt(1984)发现战略资源必须具备以下四种特征：①资源必须是有价值的；②资源必须是稀缺的；③资源必须是不能够被完全模仿的；④资源必须是不能够被完全替代的。基于此，能够对企业起到促进作用的战略资源只能够是异质性的且非完全流动的资源，正是这种特性使得企业能够获得持续的竞争优势，并使不同企业间形成差异性。因此，围绕资源的不同特性以及对竞争优势的影响，我们发现资源基础理论的主要观点如下所述：

(1)独特的异质性资源成为企业竞争优势的来源。企业的竞争优势是由产品市场的"上游"决定的，即企业独特的、稀缺的、难以模仿和替代的异质性资源(Wernerfelt, 1984; Barney, 1991; Teece, 1997)。在本质上，资源自身是不具备生产属性的，资源的生产性是指资源能够在用于生产或者投入使用的过程中提供生产性服务(Penrose et al., 2009)。然而，资源的种类众多，企业为了获取超额经济利润必然会去模仿优势企业或者寻找替代资源塑造竞争优势，这种行为导致了同行业内的企业资源趋于一致，从而降低企业利润。虽然由于企业内外部环境的复杂性、路径依赖性和模仿成本高昂等限制，这种"模仿"行为的对象并不是面向全部资源的，但要想建立持久的企业竞争优势，企业还是需要具备无法被模仿和复制的异质性资源。因此，具备独特的异质性资源对企业而言意义重大，不仅有利于形成企业的竞争优势，还能够促使企业快速发展，使其在行业内占有稳定的市场份额。

(2)无形资源对企业形成竞争优势的作用更为重要。由于无形资源的不可视性，且大多数无形资源都是可以由企业自主构建，区别于有形资源，无形资源更难转移和共享，因此无形资源具有更强的独特性。此外，有些无形资源形成的原因无法被清晰地描述，导致其被模仿的难度加大，由此建立起来的竞争优势很难被其他企业破坏，有利于企业持久保持竞争优势。霍尔(Hall，1992，1993)认为无形资源可以分成两类，即无形资产和能力。既包括企业声誉、知识、企业文化，还包括组织能力、创新能力等。许多学者都认为只有那些无形的资源才能够被称作是战略资产(Itami & Roehl，1987；Hall，1993；Haanes，2000；)，企业保持持久竞争优势的根本方法就是积累和构建无形资源(Ghemawat，1991；Mahoney，1995)。

无形资源种类繁多，不同的无形资源更是有其独特的影响力。虽然不同的企业所构建和重点关注的无形资源各有不同，但是有些重要的无形资源是企业保持持久竞争力必不可少的。第一，声誉是指通过企业过去的积累，向外界传达的正面信息，是一种重要的无形资源(Hall，1993；Penrose，1959；Olavarrieta，1999)，良好的企业声誉对其塑造竞争优势具有很大作用(Barney，1991)。且由于声誉形成过程复杂，花费时间较长，使竞争对手很难模仿。此外，声誉越高，其稀缺程度越高，给企业带来的价值也就越显著。如果企业的声誉良好，代表了企业的产品或服务具备良好质量，从而促使顾客作出积极的反应，进而提高企业绩效。第二，知识作为能够影响企业生存和发展的关键性资源(Dosi & Malerba，1996)，具备一个显著的特性，即随着知识的传递和转移，其价值并不会减少。并且通过知识共享，还可能会创造出全新的知识，使其价值增值，极大地促进了企业获取竞争优势。第三，文化作为企业重要的无形资源(Barney，1991)，表明一种员工对企业价值观的认同程度(Hall，1992)，对企业发展和组织运作都具有重要影响(Powell，1995)。文化是在企业内部环境下形成的，由企业特定的历史轨迹和不同个体共同塑造，经过长期的发展和培养，最终形成统一的认知。这种独特性导致了企业文化的稀缺和不易被模仿等特性,企业文化越强,越能够同化员工,使其向着共同目标奋斗,进而提高企业绩效。第四,组织能力作为一种重要的战略资源,是企业获取竞争优势的关键。企业的资源和活动被有效地组织起来形成一个系统,以提高资源的利用效率和使用价值。还能够通过组织有效的学习活动,使企业获得新知识和能力,提高企业的竞争力,从而形成企业重要的竞争优势。第五,创新能力作为一种重要的无形资源,越来越受到企业的关注,企业通过创新不仅能够降低其面对的竞争压力(Schumpeter,1934),还能够通过创造新产品获得丰厚的利润,保持企业的竞争优势,促进企业成长。因此,企业的创新能力是保证企业成功的重要因素,是维持企业地位和持续更新竞争优势的关键途径。

本书在研究团队资源拼凑时参考和借鉴了资源基础理论,资源基础理论认为资源是塑造企业竞争优势的基础,企业要想突破资源约束更要依赖对现有资源的创造性利用,因此研究资源基础理论对理解资源拼凑具有重要意义,对于本书相关研究提供了理论基础。同时,资源基础理论的"知识观"和"能力观"为本书研究的团队知识治理能力也提供了相关研究基础,具备知识治理能力的企业更能够为企业带来竞争优势,体现在对资源的创新性利用上。因此,资源基础理论对团队资源拼凑和团队知识治理能力的研究具有重要的借鉴意义。

四、自我决定理论

1. 自我决定理论的产生背景

自我决定理论的产生借鉴了哲学、科学和心理学的学科背景,在现象学、存在主义、人本主义心理学和动机心理学等思想的影响作用下,吸收了相关观点,最终形成了一套完整的理论体系。

在自我决定理论的哲学背景中,有三个流派的思想对自我决定理论的形成产生了重要影响,即现象学、存在主义和实证主义。现象学领域的著名学者胡赛尔提出的意向性学说和"生活世界"学说对自我决定理论具有重要启示。自我决定理论不仅借鉴了意向性学说中关于重视自我的主体性作用,并认为个体需要通过不断融合外在的价值观,从而形成自我的同一感;还吸纳了"生活世界"学说中有关自我世界的观点,把研究对象定位成"自我",关注对个体内在心理需要的研究,重视对自我的整合。存在主义对自我决定理论的影响则主要体现在重视对"人"自身的研究。自我决定理论从存在主义的"强调并重视个人意志、责任心、价值、自由等问题"思想中得到启发,更关注个体的同一性概念和体验。实证主义对自我决定理论的影响主要体现在研究方法上。自我决定理论吸收了实证主义的科学观,在研究个人幸福感、价值观等问题上采用实证的方法进行分析。

自我决定理论的科学背景建立在科学形态的生物进化论基础上。德西和瑞安(Deci & Ryan, 2000)提出了一种有机辩证的观点,这种观点对自我决定理论的影响是巨大的。自我决定理论既能够从有机的视角出发,假定每个个体都具有完善自我和整合自我的意识,还能够从辩证的视角出发,分析人类本性与促进或阻碍本性发挥作用的社会环境间的作用关系(张剑等,2010)。

影响自我决定理论的心理学背景主要包括三种心理学思想,即机体论心理学、人本主义心理学和动机心理学。首先,机体论心理学的"自我实现"观点和"顺应环境"的观点被自我决定理论所采纳。Deci & Ryan(2000)发现每个个体都具有内在和先天的自我实现、自我成长、自我整合的倾向,而个体能否满足其基本的心理需要(能力、自主性和归属)对实现个体的自我成长具有至关重要的作用,要想满足个体基本的心理需要,必须要得到外部环境的支持。其次,人本主义心理学影响自我决定理论最重要的观点就是对人性的理解。人本主义研究学者更关注个体的价值、自由和尊严等,认为外部环境能够延缓或促进人性的健全发展,提出了"以人为中心"的观点,强调人天生就具有内在的自我实现的倾向。最后,动机心理学的研究是自我决定理论的先驱。自我决定理论的创立者早期在研究个体行为动机的过程中逐渐深入,从而创建了自我决定理论。随着认知动机理论的兴起,学者开始关注个体认知、自我、需要、情绪和跨文化等方面的研究,对后续的自我决定理论研究产生了巨大的影响。

2. 自我决定理论的基本内容

自我决定理论是由Deci & Ryan(1975)在20世纪70年代末首次提出的一种关于人类行为的动机理论,这种理论的提出是建立在传统的认知评价理论基础上的，从有机辩证的角度阐述了环境对个体行为产生影响的因果路径，经过四十多年的发展和完善，逐渐形成了一个完整的理论体系，对个体行为的激励和改变具有重要的指导价值。自我决定理论主要包括五个子理论，即认知评价理论、有机整合理论、因果定向理论、基本心理需要理论和目标内容理论。其中，认知评价理论主要研究社会情境对内在动机的影响；有机整合理论的主要研究对象是外在动机的内化研究；因果定向理论更关注个体自主性行为和支持这种行为的环境适应性方面的个体差异；基本心理需要理论致力于研究基本心理需要的概念及其与心理健康和福利等的关系（郭桂梅、段兴民，2008）；目标内容理论主要关注个体的目标内容与幸福感和心理健康的关系。这五个子理论分别从个体外部社会情境、个体发展、个体差异、内在心理需要和目标内容五个方面探讨了个体的成长问题，并强调自我决定在个体的自我发展中起到的决定性作用，自我决定理论的基本内容由这五个子理论共同构成，见表2.4。

表2.4 自我决定理论

子理论	学者	主要研究内容
认知评价理论	Deci & Ryan(1975)	研究社会情境对内在动机的影响
有机整合理论	Deci & Ryan(1985)	研究对象是外在动机的内化研究
因果定向理论	Deci & Ryan(1985)	关注个体自主性行为和支持这种行为的环境适应性方面的个体差异
基本心理需要理论	Deci & Ryan(2000)	致力于研究基本心理需要的概念及其与心理健康和福利等的关系
目标内容理论	Deci & Ryan(2002)	关注个体的目标内容与幸福感和心理健康的关系

资料来源：作者根据相关文献整理

（一）认知评价理论

认知评价理论（cognitive evaluation theory，CET）是自我决定理论体系中最早提出的一项理论（Deci & Ryan，1975），是在外部动机与内部动机的矛盾关系基础上发展而来的。在探讨外部动机（intrinsic motivation）对内部动机（extrinsic motivation）的影响关系上，归因理论和行为理论表现出两种相互矛盾的观点。归因理论认为外部动机会削弱内部动机。由活动外部因素引起的外部动机（如报酬、奖励等）可能会引诱个体将注意力从内部兴趣转移到外部奖励上（Lepper et al.，1973），导致个体从事某项活动的初衷可能并非自愿，缺乏自主性，而是在外部动机的驱动下进行的，这种行为会削弱内部动机。与之相反的是行为理论认为外部动机会加强内部动机，外部动机有助于个体降低从事某种活动的厌恶感（Eisenberger & Armeli，1997），同时会使个体从机会选择、民主参与等外部事件中体会到自我决定的过程和意义，引起个体对活动本身的兴趣和满足，从而加强内部动机。

认知评价理论认为外部奖励可以分为两大类，即语言奖励和物质奖励。语言奖励能够为个体提供自主和能力支持（赵燕梅等，2016），物质奖励还可以细分成三种，即"不基于任务的奖励""基于任务的奖励"和"基于绩效的奖励"。①"不基于任务的奖励"是指不依据员工的工作任务发放的物质奖励，由于这种奖励既不会带给员工压迫感和控制感，也不能体现员工的工作能力，因此对内部动机也不会产生影响；②"基于任务的奖励"是指根据员工参与或完成任务的数量发放的物质奖励，奖励的发放只参考是否完成了任务，而对完成任务的质量不作要求，由于这种物质奖励要求员工必须参与任务才能够获得，所以会使员工产生被控制感，同时不要求任务完成的质量会导致员工对自身能力没有清晰的认知，最终降低内部动机；③"基于绩效的奖励"是指员工需要达到一定的绩效才能获得的物质奖励，这种奖励对员工完成任务的质量提出了要求，因此会增强员工的被控制感，但同时完成绩效才会发放奖励的行为也对员工的工作能力提出了要求，使员工在能力上得到认可，这在一定程度上会抵消被控制感带来的负面影响（赵燕梅等，2016）。

有学者在分析物质奖励和个体内在动机之间的关系时发现，虽然物质奖励能够激发个体的外在动机，但是当撤销这种激励措施时，会显著降低个体的内在动机水平，有时甚至会低于物质奖励之前的动机水平（DeCharms，1968）。为了解释这种现象，Deci & Ryan（1975）提出了认知评价理论，用于分析内在动机和外在动机的关系。

认知评价理论把研究的焦点放在了社会环境如何对内在动机产生影响上，并认为外界因素需要通过个体对这些因素的认知评价影响内在动机。外部环境的差异会对个体的自我决定和胜任感产生差异化影响，其中，自我决定是指个体能够自主的程度，胜任感表现为个体从事某种活动的能力，个体的内部动机会受到自我决定和胜任感的影响。Deci 根据外部环境因素的特性，将其区分成三种类型，即信息性、控制性和去动机性。首先，信息性的事件会给个体传递一种积极的反馈。个体能够从任务完成的过程中得到反馈信息，不仅有助于个体提高胜任感，还能够帮助个体及时改进自己的行为，使个体能够做出正确的自我决定，从而促进内在动机。其次，控制性的事件迫使个体按照特定的方式进行思考或行动。个体会产生一种"自己的行为是在别人的监控下完成的"的认知，如惩罚(Deci & Cascio，1972)、时间限制(Amabile et al.，1976)、强制性目标(Mossholder，1980)等，这些行为会使个体产生一种压力，削弱了个体自主性，还可能会诱发个体表面服从或反抗、敌对情绪，进而削弱个体内在动机。最后，去动机性的事件是指一种无效的事件，如负面反馈、贬低性评价等，这些经历会使个体无法产生一种胜任感，从而导致内在动机水平降低。

(二)有机整合理论

有机整合理论(organismic integration theory，OIT)最早是由 Deci & Ryan 在1985年提出的，经过 Deci & Ryan(2000)等学者的进一步发展和完善并最终形成了完整的有机整合理论。该理论的提出是建立在认知评价理论基础上的，认知评价理论更关注外部动机对个体感兴趣的工作的激励，忽视了个体从事不感兴趣工作的动机问题(赵燕梅等，2016)。现实生活中，个体不会总是从事有兴趣的工作，更多的是基于外部压力而从事不感兴趣的工作，针对这种情况和现实需要，Deci & Ryan 提出了有机整合理论。

有机整合理论突破了以往认知评价理论中对个体动机的二分法(内在动机和外在动机)，首次提出了"内化"的概念，认为"内化"就是个体把社会认同的价值观和规则等转化成自身认同的过程(Deci & Ryan，2000)。此理论将个体动机分成三种类型，即去动机、内部动机和外部动机。而外部动机又根据自我决定的程度将创造性划分成四种类型，即外部调节、内摄调节、认同调节和整合调节(见图 2.1)。

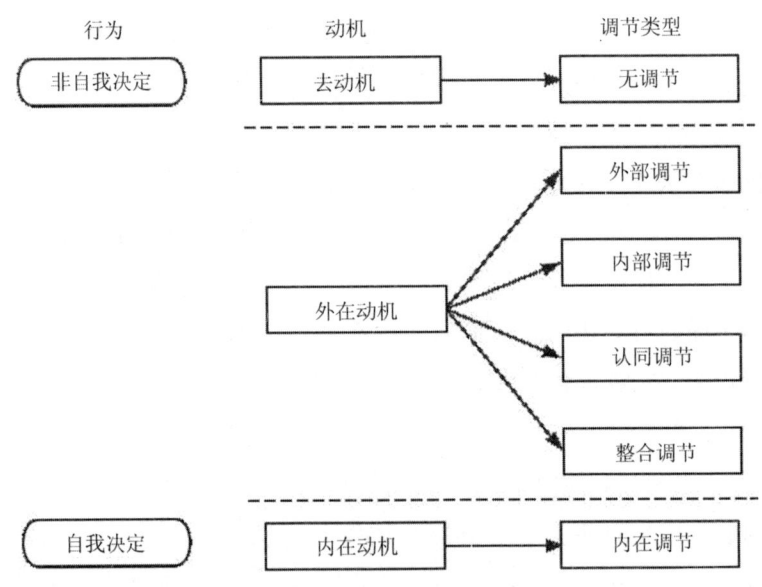

图 2.1　自我决定连续体、动机类型及调节类型

资料来源：Deci & Ryan，2004

从去动机的无自我决定状态，到外部动机的部分自我决定状态，再到内部动机的高度自我决定状态，在自主程度上呈现了一个连续的过程(Ryan & Deci，2000)。个体动机的第一种类型"去动机"表达了一种个体缺少从事某种工作意愿的状态。造成这种情况的原因可能是个体对这种工作不够重视，或是个体认为这种工作没有意义，也可能是由于自身不具备完成特定工作的能力(Deci & Ryan，2008)。个体动机的第二种类型"内部动机"是指个体由于自身兴趣决定从事某种活动的状态，表现出高度的自主性和自我决定性。内部动机并不能等同于内化的外部动机，内部动机是个人认为任务本身具有吸引力，而内化的外部动机是指活动经过价值内化后，个体认为从事该活动具有一定的价值(赵燕梅等，2016)，而非兴趣引起的，两者具有本质区别。个体动机的第三种类型"外部动机"是指个体受到外部环境影响而去从事某项活动的状态，并根据自我决定程度不同，可以细分为外部调节、内摄调节、认同

调节和整合调节四类。具体来讲，外部调节（external regulation），是指个体为了获得奖励或避免惩罚而做出的行动，这种动机主要由服从、奖励和惩罚调节，具有最强的控制性；内摄调节（introjected regulation），是指个体为了提高自尊或避免内疚和焦虑而做出的行动，有别于外部调节，内摄调节基于自尊，主要通过自我控制、威胁等进行调节，由于已经开始内化，因此具有一定的自主性；认同调节（regulation through identification），是指个体认同活动的价值，从事这项活动不是由于外部压力或义务造成的，而是由自我决定的，但由于仍具有工具的性质，并不会自发地感到快乐和满足；整合调节（integrated regulation），是内部的自我整合，是一种完全内化的表现，个体既认识到所从事活动的重要性，又吸纳了外在价值观和道德态度等。外部动机的四种类型在内化程度上也呈现递增的趋势，外部调节的内化程度最低，而整合调节的内化程度最高。其中，外部调节和内摄调节由于自我决定程度较低，因此可以称为控制性动机；而认同调节、整合调节和内部动机由于自我决定程度较高，因此也可以称为自主性动机（Deci & Ryan，2008）。

（三）因果定向理论

个体在从事不感兴趣的工作时，能够影响个体行为的因素可以分为三类，即自主的、被控制的或是与自身无关的，但究竟哪类因素会对行为产生作用取决于环境影响和人格特质。个体差异在自我决定理论中又被称为"因果定向"，因果定向可以看作是一种人格特质，是个体能够感知到外部活动中自我决定程度的倾向（赵燕梅等，2016），从而衍生出了因果定向理论。因果定向理论（causality orientation theory，COT）的研究焦点是个体差异对动机取向的影响（Deci & Ryan，1985）。

因果定向理论认为个体存在三种不同的因果定向，即自主定向、控制定向和非个体定向。自主定向可以看作是一种选择上的体验（郭桂梅、段兴民，2008），是自我决定程度最高的一种因果定向，自主定向的个体能够充分利用已知信息做出最有利的选择以达成既定目标，在这个过程中个体会选择性迁就环境，并通过自我调整以达到融合的目的。控制定向可以看作是一种被强迫的行为，个体行为是建立在压力而不是选择下的，这种压力既可能是外部环境造成的，也可能是由内部规定、需要或强制性的要求决定的，具有高度控制定向的个体更容易依赖报酬和他人指令等。非个体定向通常处于一种无胜任能力或不受自己控制的体验，往往表现出一种无目的状态，因此缺乏动机，在行为上体现出高度的焦虑感，即使取得一定成果也会归结为是运气的产物(Deci & Ryan, 1985)。

(四)基本心理需要理论

虽然基本心理需要理论提出的时间较晚(Deci & Ryan, 2000)，但该理论仍构成了自我决定理论的核心理论。基本心理需要理论(basic psychological needs theory, BPNT)认为个体的心理需要是普遍存在的，具有内在性、普遍性和中心性的特征。该理论的核心问题是研究社会环境对个体基本心理需要被满足程度的影响，以及个体基本心理需要满足程度与个体幸福感和内在动机等的关系。基本心理需要理论在研究环境影响因素时，发现个体的基本心理需要可以分成三类，即自主需要、胜任需要和关系需要(Deci & Ryan, 2000)，并发现这三种基本心理需要都具有普遍适应性，所有个体都会以满足这些需要为目标而努力。

自主需要是指个体在从事某项活动时，能够按照自身意愿进行选择，而非受外部控制，是一种自我决定的需要。这种自由选择是建立在个体对环境和自身的充分认识的基础上。由于个体更倾向去选择感兴趣的工作，这也构成了个体行为的内在动机。胜任需要是指个体能够感受到胜任某项活动的需要，即个体具备从事某项活动的能力。能够影响个体胜任感的因素多种多样，如果员工在完成任务后能够得到反馈信息，该员工就会对自身能力有正确的认识，当这个反馈信息是正面的，说明员工能够很好地胜任这项任务。关系需要是指个体与他人建立一种彼此尊重且相互依赖的关系的需要(Deci & Ryan, 2000)。这种关系是建立在友好的环境和工作氛围基础上的，且个体能够在这种环境中感受到他人的理解和支持。这三种基本心理需要的满足程度决定了个体的幸福感，且呈现正相关关系。个体心理需要被满足的程度越高，个体获得的幸福感越强烈(Waterman, 1993)。当环境因素满足基本心理需要时，就会产生内部动机(Ryan & Deci, 2000)。综上所述，基本心理需要理论是连接社会环境与个体动机和行为的桥梁(张剑等，2010)，是自我决定理论的核心内容，为自我决定理论体系中的其他理论提供了重要的研究基础。

(五)目标内容理论

作为自我决定理论体系中最新发展的理论,目标内容理论(goal contens theory, GCT)是由 Deci & Ryan 在 2002 年提出的。学者在研究目标内容与个体心理健康的关系时发现,个体目标内容的实现会对其幸福感产生重要影响(Kasser & Ryan, 1993; 1996)。此后,个体的目标内容得到了学者的广泛关注,并将其纳入自我决定理论体系中。目标内容理论认为,个体的目标内容可以分成两种,即内在目标和外在目标,且目标内容的差异会影响个体获得的幸福感程度。其中,内在目标(如个人成长、亲密关系和自我实现等)的达成能够加强个体感受到的幸福感,而外在目标(如金钱、社会地位和知名度等)的获得对个体幸福感的作用几乎可以忽略不计。由此可见,并不是所有的目标实现都能够对个体幸福感和心理健康产生积极影响,关键还要看目标内容本身(Sheldon & Kasser, 1998)。不同于外在目标,内在目标的实现更能够使个体的基本心理需要得到满足(Sheldon & Kasser, 1998; Deci & Ryan, 2002)。因此,目标内容作为一个重要变量被纳入自我决定理论体系中,为自我决定理论的进一步发展呈现出新的研究空间。

结合上述观点,我们可以发现,在自我决定理论体系中,虽然基本心理需要理论的提出时间较晚,但是其为其他几项子理论的提出提供了重要的逻辑基础,是其他子理论分析的前提。因此,作为自我决定理论体系中最核心的内容,基本心理需要理论为其他几项子理论的研究奠定了基础。

本书在研究团队激情时参考和借鉴了自我决定理论,自我决定理论认为自主性动机能够调动员工个体的工作积极性,对员工的和谐工作激情产生促进作用,而内部控制能够激发员工的强迫工作激情,并通过团队成员间的交互影响形成团队整体的激情氛围。因此,研究自我决定理论为团队激情的概念界定、与相关变量之间的作用关系等问题提供了重要的理论基础。

第二节 变革领导力相关研究

一、领导风格理论回顾

领导力相关研究一直以来都是业界高度关注的话题,学者融合管理学、心理学、社会学、组织行为学、经济学等多学科理论对不同领导力展开深入的理论和实证研究,形成了丰硕研究成果。领导理论各学派经历了从特质理论学派到行为理论学派,再到权变理论学派,最后到变革理论学派的演进(朱秀梅等,2015)。早期领导力理论以领导者属性为关注重点,可称为领导者属性理论(特质论)。领导者属性理论起源于20世纪二三十年代,特质理论学派主张领导者与生俱来的独特性决定了他们的成功。20世纪50年代,研究的重点开始向领导者行为转变,行为学派主要关注领导者与他人之间的互动,有些学者还对具体领导行为进行划分,界定了三种领导行为风格,即独裁式、民主式和自由放任式领导风格。20世纪70年代始,领导理论进入了权变理论阶段,相继涌现出一系列权变理论模型,如情境领导理论、路径目标理论、领导替代理论、认知资源理论等,权变理论学派认为不同情境适用不同领导风格。1985年,《超越预期的领导》一书的出版,系统提出了变革型领导理论,并成为新型领导理论学派的重要基础(Bass,1985)。因其整合了以上几种理论,突破了单一理论的局限,变革型领导理论逐渐占据了当代领导理论的核心地位。从发展渊源来看,出现于20世纪80年代的变革领导理论可视为领导理论研究的分水岭,此前研究可称为"传统领导理论",之后的研究则被称为"新型领导理论"(李炎炎、魏峰,2010)。

二、基于不同研究视角的变革领导力实证研究梳理

(一)基于创新与创造性视角

近年来,基于创新与创造性视角的变革领导力研究发现组织结构(集中性、规范性、组织规模)和组织文化能够通过变革领导力影响团队与组织的创

新性和创造力等方面,包括创新行为、创新绩效、工作相关的学习、组织创造性、员工对企业社会责任的重视程度、团队凝聚力、学习型文化等(朱秀梅等,2015),见图2.2。变革领导力还可以通过伦理氛围影响个人与组织适应性,通过企业创业导向和组织对机会的开发和探索能力影响团队的创新绩效,通过变革承诺作用于创新行为等。在创新与创造性视角的变革领导力研究模型中,组织结构、组织学习文化、工作支持、战略和前瞻氛围通常可充当调节变量。比较特殊的是,在创业机会的创新性对创新绩效的影响机理中,变革领导力起到的是调节作用。

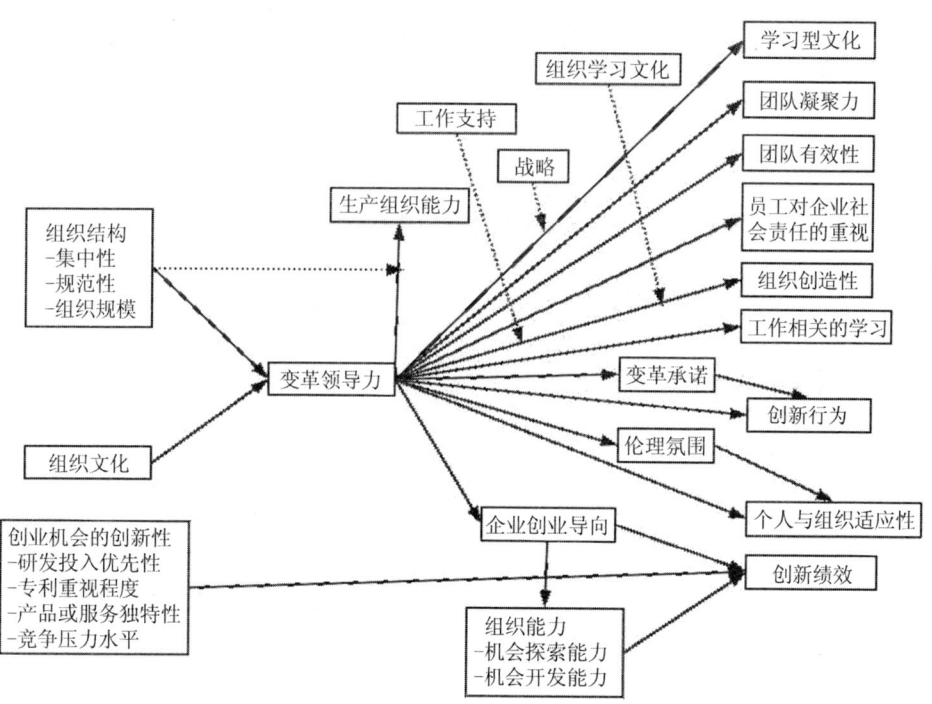

图 2.2 基于创新与创造性视角的变革领导力相关研究

资料来源:作者根据相关文献整理

(二)基于知识管理视角

资源是企业生存与发展的重要基础(蔡莉等,2011),随着知识经济时代的来临,组织中知识资源管理在企业发挥着至关重要的作用。与变革领导力相关的知识管理主要从知识资源、人力资源、学习资源和智力资本等方面进行研究(朱秀梅等,2015)。基于知识管理视角的研究内容梳理,见图2.3。变革领导力通过知识管理过程影响人力资本创造或收益,通过组织学习能力影响个人绩效,对团队绩效的影响则是通过变革领导力、社会资本和交互作用达成的(Gupta et al.,2011)。

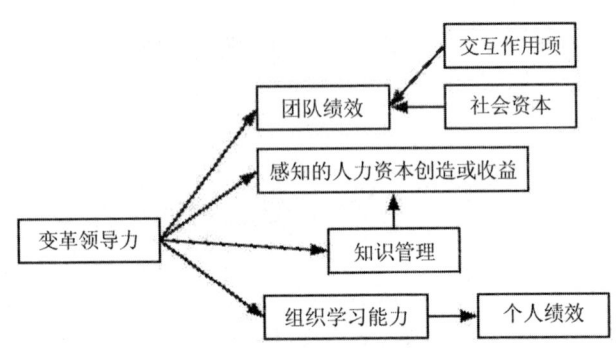

图2.3 基于知识管理视角的变革领导力相关研究

资料来源:作者根据相关文献整理

(三)基于领导者特质视角

对领导者特质视角研究内容的梳理,见图2.4。目前基于领导者特质视角的变革领导力研究主要关注领导者的人口统计学因素(如性别、种族、婚姻状况、教育水平等)、个性特征(如外向型、内向型、情感型、直觉型、认知型等)、学习策略(包括行动、思考、感觉、接近别人)、领导利益相关者价值观和情商(社会技能、动机、同情心)(朱秀梅等,2015)。变革领导者的这些特质会对员工的认知和心理等方面产生相应作用,包括心理授权、自我效能、员工职业特点、员工价值观、员工抵抗变革意向、员工离职意图、工作满意度、员工组织认同等。学者以特质论为基础性理论,通过定量分析发现领导者个性与变革领导力存在相关关系,并且领导者的自我评价和从员工角度评价的领导者个性并不相同,对其领导行为的评价亦不相同(Hautala,2006)。在领导的自我评价方面,外向、直观和感知个性的领导倾向于实行变革型领导方式;员工评价方面,敏感的领导最具有变革型领导特质。

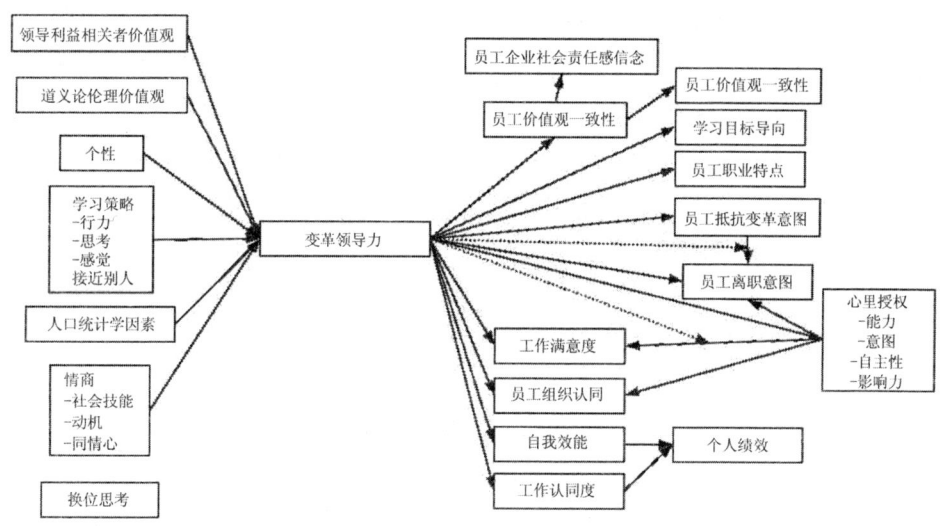

图 2.4　基于领导者特质视角的变革领导力相关研究

资料来源：作者根据相关文献整理

(四) 基于关系视角

对关系视角研究内容的梳理，见图 2.5。变革型领导不仅注重个人转变，更注重组织变革，同时亦强调领导与下属之间的互动。基于关系视角的变革领导力研究主要偏向于员工与领导、员工与员工之间的信任和组织承诺等方面，因此可以把变革领导力视为一个关系演进的社会化进程（朱秀梅等，2015）。变革领导力可以通过信任对关系承诺和情感性承诺产生影响，通过团队咨询网络密度和信任影响绩效，其中网络集中度起调节作用，还可以通过契约关系和信任共同影响组织公民行为。关系支持在变革领导力对创造性的影响关系中起调节作用。

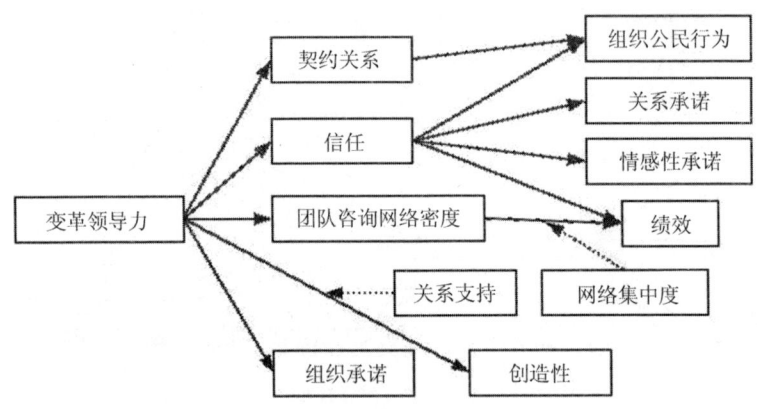

图 2.5 基于关系视角的变革领导力相关研究

资料来源：作者根据相关文献整理

三、变革领导力研究的理论分支

自变革领导力的概念提出后，学者就致力于探索其产生的原因及对其他变量的影响，并且运用心理学、社会学、经济学、管理学、组织行为学、法学等众多学科的相关理论来解释变革领导力。从发展脉络上看，这些研究基本可以划分为五大理论分支：领导者理论分支、关系理论分支、认知理论分支、组织治理理论分支和资源理论分支，见图 2.6(朱秀梅等，2015)，这些理论分支中变革领导力通常被视为一个整体变量，并未充分体现其二元性构成及二元构成之间的区别。

第二章 理论基础与文献综述

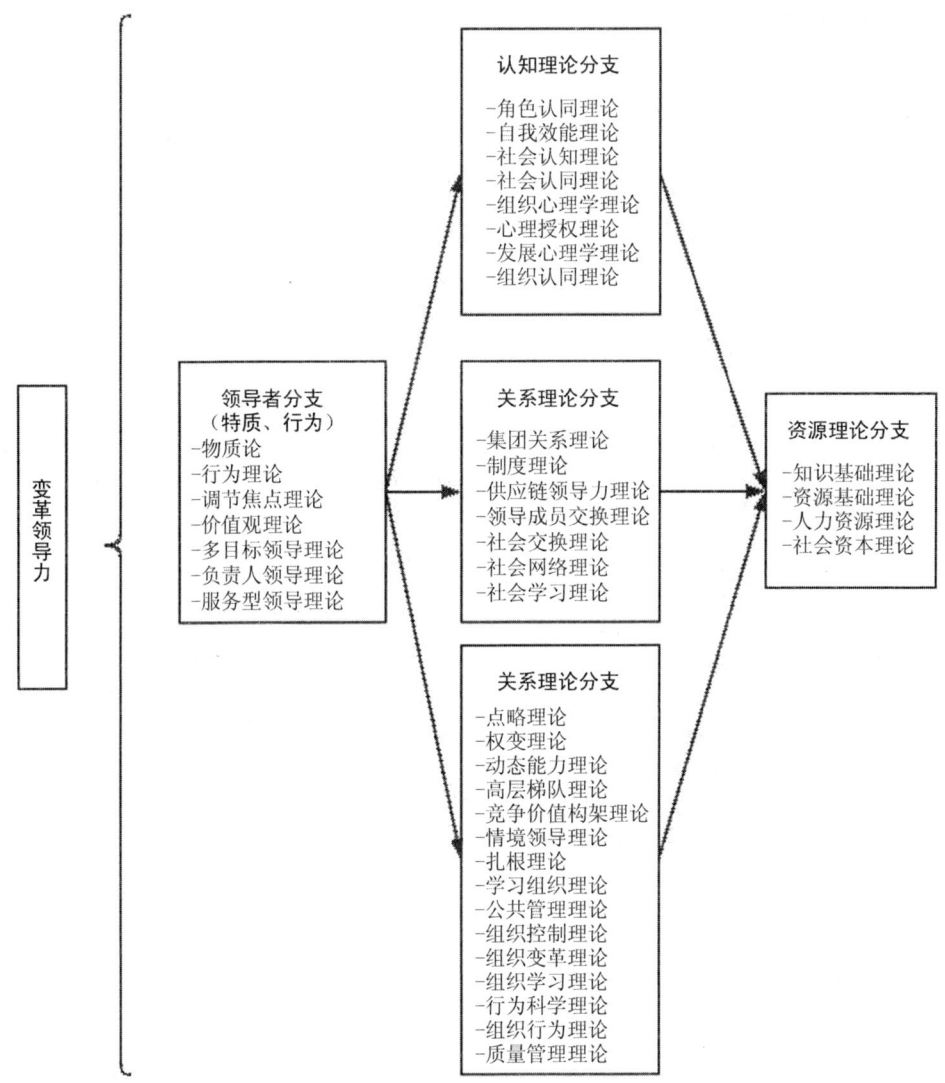

图 2.6 变革领导力研究的不同理论分支及其演进

(一)领导者理论分支

变革领导力研究初期,领导者分支居主导地位,主要关注领导者的表现特征和行为。领导者分支中的支持性理论主要包括:特质论、行为理论、调节焦点理论、价值观理论、多目标领导理论、负责人领导理论、服务型领导理论。他们认为领导者应该具有与众不同的特质和行为,从而希望通过对领

· 41 ·

导者的研究揭示什么样的人能够成为变革型领导。为此相关研究学者借鉴上述理论对变革型领导的个性、特征和行为等进行深入分析。如相关学者以特质论为基础性理论展开研究，结果发现成就、情商与变革领导力有正相关关系，情商可以促进个人面对变革的开放性，且高情商能够完善变革领导效能和变革领导行为(Duckett & Macfarlane, 2013)。

(二)关系理论分支

在领导者特征研究深化的基础上，学者逐渐加强了对领导与员工之间关系的关注，关系可包括组织内部关系和组织外部关系，但以组织内部关系为主。关系理论分支主要的支持性理论包括：集团关系理论、制度理论、供应链领导力理论、领导成员交换理论、社会交换理论、社会网络理论、社会学习理论。这个理论分支主要从人际关系、信任、承诺等关系特性方面来探讨变革领导力对绩效的作用。如学者通过对33个研发项目小组的88名成员研究发现，信任与领导有效性之间密切相关，并且解释了在知识型团队中怎样建立人际关系(Gillespie & Mann, 2004)。

(三)认知理论分支

该理论分支主要从领导者本身的认知水平、对员工认知的激发、对领导与员工间关系的认知角度进行研究。主要的支持性理论包括：角色认同理论、自我效能理论、社会认知理论、社会认同理论、组织心理理论、心理授权理论、发展心理学理论、组织认同理论。该理论通过对员工与领导之间形成的共同语言、态度、共同理念、认同度及内部一致性的关注来揭示变革领导力对绩效的作用。如学者对美国中西部6家银行的83名管理者和437名员工进行了实证研究，结果发现员工对工作的认同度和自我效能在变革领导力影响个人绩效的关系上起中介作用，员工感知的变革领导力对自我效能和员工对工作的认同度有促进作用(Walumbwa et al., 2008)。

(四)组织治理理论分支

该理论分支通过组织结构、组织行为、内部情境等方面研究变革型领导如何对组织进行合理治理。主要支持性理论包括：战略理论、动态能力理论、高阶梯队理论、竞争价值构架理论、扎根理论、学习组织理论、公共管理理论、组织控制理论、组织变革理论、组织学习理论、行为科学理论、组织行为理论、质量管理理论和组织支持理论。这些理论表明领导者具有特定的能力、方法，通过一些文化、战略等手段去管理团队或个人。如学者以德国中小型企业中的125个组织为样本研究发现组织结构在变革领导力与有效组织能力之间发挥调节作用，组织集中度越高，变革领导力与有效组织能力之间的关系越弱；组织集中度和组织规模与变革领导力成负相关关系；规范性与变革领导力成正相关关系(Walter & Bruch，2010)。

(五)资源理论分支

这个分支的研究学者对资源的分析主要包括人力资源、知识资源、学习资源、智力资本等。该理论分支主要支持性理论包括：知识基础理论、资源基础理论、人力资源理论、社会资本理论。学者通过研究资源的稀缺性和异质性，以及变革领导者对资源的识别、获取、整合和运用，来解释企业或组织如何获取竞争优势和提高组织或个人绩效等。研究表明，变革型领导倾向于参与执行知识管理进程、构建能够鼓励员工交流和创造的文化，并支持员工在组织生活中获得人力资本收益(Birasnav et al.，2011)。

通过以上对变革领导力研究基础理论的分析，不难发现对变革领导力的研究虽然只有近三十年，但其理论基础却发生了巨大的变化，从以领导者理论分支为主导开始，经过了关系理论分支、认知理论分支和组织治理理论分支的不断演化，至资源理论分支占据主流趋势。由于目前不同理论分支和研究主题的丛林现象并不利于变革领导力研究深入开展，因此以多学科交叉理论为基础，探索不同研究主题之间融洽发展已成为未来趋势。

四、变革领导力的跨层面研究

有研究表明，变革领导力的结构是灵活的，不同层面分析能够揭示不同内涵和作用(Kirkman et al.，2009)，为了推进这一研究，探索变革领导力对团队和对团队中个体的影响有重要意义。笔者基于个体导向和团队导向对变革领导力研究文献进行梳理(如图2.7所示)，主要针对同时从变革领导力的个体和团队视角进行跨层次研究的文献进行梳理，在这些文献当中，变革领导力被分为个体和团队两个维度，并探究这两个维度的影响。有学者认为，聚焦于个体的变革领导力通常包括四个维度，即高绩效预期、员工发展、智力激励和个人认可(Wang & Howell，2010)，主要关注变革领导力如何通过影响员工心理授权、工作满意度、组织承诺、任务绩效、组织公民行为、缺勤旷工等进而影响员工的行为与态度。聚焦于团队的变革领导力有三个维度，即群体认同、群体愿景和团队建设(Wang & Howell，2010)，主要关注变革领导力对公司绩效、组织公民行为、组织氛围、团队创造性和团队凝聚力等方面的影响。

由于跨层次研究是变革领导力的新研究视角，也是变革领导力研究的前沿问题，因此跨层次研究的进展还不够深入。如图2.7所示，个体导向变革领导力的结果变量主要包括个人绩效、个体创造性、领导者认同差异、个人主动性、任务绩效和适应性绩效等。而团队导向变革领导力主要对团队意识、集体效能、团队绩效、团队创造性和助人行为等产生影响。此外，团队导向变革领导力也会对个体创造力和个体适应性绩效产生影响。

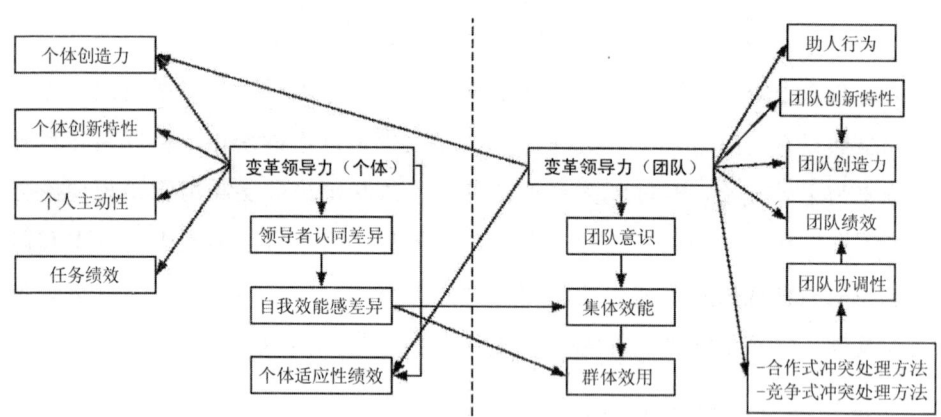

图 2.7　基于二元视角(个体与团队)的变革领导力研究梳理

第三节 资源拼凑相关研究

一、资源拼凑的类型

关于资源拼凑分类,主要包括两种划分方法,一是根据拼凑对象的类型进行划分,例如,张建琦等(2015)依据资源的构建主义理论将资源拼凑划分为物质资源拼凑和创意资源拼凑,赵兴庐等(2016)将资源拼凑划分为要素拼凑、顾客拼凑和制度拼凑等。二是根据资源拼凑的频率和范围不同进行划分,如贝克和尼尔逊(Baker & Nelson,2005)将资源拼凑分为平行拼凑(parallel forms of bricolage)和选择性拼凑(selective forms of bricolage)。

如表2.5所示,在创业领域,拼凑用于分析资源贫乏情境下的创业活动(Baker & Nelson,2005;Garud & Karnoe,2003)。Baker & Nelson(2005)把资源拼凑分为两种模式,即平行拼凑(parallel forms of bricologe)和选择性拼凑(selective forms of bricologe)。在平行拼凑模式下,企业可以同时在一个活动的不同领域从事拼凑行为,有时可以持续很长一段时间(Senyard等,2014)。这些企业可以实行大量的拼凑活动,甚至有些企业在所有活动中都运用拼凑行为。而在选择性拼凑模式下,拼凑的应用更加谨慎,仅在活动的一个或较少的领域中进行,并且是在有限的时间段内,这种选择是根据活动的轻重缓急来进行的,优先关注对企业而言最重要的项目。张建琦等(2015)依据资源的主观构建主义理论将资源拼凑划分为物质资源拼凑和创意资源拼凑。物质资源拼凑是对人力、物力和财力等有形资源通过赋予新的属性改造成有价值的资源的行为;创意资源拼凑是对知识、经验、技巧等无形资源通过重组的方式产生新创意的行为(Baker & Nelson,2005;Benouniche et al.,2015)。赵兴庐等(2016)根据企业运用资源的方式不同把资源拼凑划分为要素拼凑、顾客拼凑和制度拼凑。要素拼凑是把各种物资或技能转化为企业生产要素的过程;顾客拼凑是通过运用手头资源以满足顾客需求的过程;制度拼凑是通过手头资源形成新的实用主义制度的过程(Baker & Nelson, 2005)。相关研究学者为了解释社会创业企业如何在资源约束的环境下获取资源而提出了社会拼凑(social bricolage)这一概念(Domenico et al., 2010),他们认为社会拼凑有别于其他类型资源拼凑的三大特征是能够创造社会价值、利益相关者参与和以创造更大社会价值为目的劝导更多社会利益相关者参与。Baker等(2003)在探讨如何即兴创建企业的过程中提出了网络拼凑(network bricolage)的概念,他们认为拼凑者会利用相关的客户、供应商和雇员等已存在的或已建立的人际关系网络进行资源搜寻和拼凑。

表2.5 资源拼凑的分类及相关概念

文献来源	拼凑类型	相关概念
Baker & Nelson (2005)	资源拼凑	资源拼凑是整合利用手头上的资源以解决新问题和开发新机会的过程,资源拼凑是对物质资源、人力资源、技术资源、市场资源和制度资源等五类资源的拼凑
	平行拼凑	企业可以同时在一个活动的不同领域从事拼凑行为,有时可以持续很长一段时间
	选择性拼凑	仅在活动的一个或较少的领域中进行,并且是在有限的时间段内,这种选择是根据活动的轻重缓急来进行的,优先关注对企业而言最重要的项目
Baker et al. (2003)	网络拼凑	网络拼凑(network bricolage)指拼凑者会利用相关的客户、供应商和雇员等已存在的或建立的人际关系网络进行资源搜寻和拼凑
张建琦等 (2015)	物质资源拼凑	物质资源拼凑是为人力、物力和财力等有形资源赋予新的属性,将其改造成有价值的资源的行为
	创意资源拼凑	创意资源拼凑是对知识、经验、技巧等无形资源通过重组的方式产生新创意的行为

续表

文献来源	拼凑类型	相关概念
赵兴庐等（2016）	要素拼凑	要素拼凑是把各种物资或技能转化为企业生产要素的过程。
	顾客拼凑	顾客拼凑是通过运用手头资源以满足顾客需求的过程
	制度拼凑	制度拼凑是指打破"行业规则"的局限性，将手头资源根据实际情况形成新的实用主义制度的过程

资料来源：根据相关文献整理

二、资源拼凑的实证研究

笔者通过整理资源拼凑相关实证研究文献，分别从资源拼凑的前因变量和结果变量展开分析，如图 2.8 所示。首先，资源拼凑的前因变量主要包括创业导向、市场导向、双元创新、认知柔性、社会资本、社会网络、企业内部能力、组织声望、环境宽松性、组织信任等。学者在研究科技企业的资源拼凑行为时发现，无论是个体层面的拼凑者能力还是企业层面的内部吸收能力，其创造能力和协作能力对资源拼凑均具有促进作用，而同化能力则会对资源拼凑行为产生抑制作用(Banerjee & Campbell, 2009)。还有学者通过对 202 家科技型企业进行研究发现，环境宽松性和组织声望与资源拼凑之间均存在 U 型关系(Desa & Basu, 2013)。对创业企业而言，当环境宽松性很低时，企业获取外部资源的难度变大，只能通过资源拼凑来突破新企业资源约束。当环境宽松性变高时，企业获取外部资源的难度降低，企业进行资源拼凑的机会和次数也会随之减少。在环境宽松性很高的条件下，企业本身拥有丰富而充足的资源，能够通过自身的资源拼凑满足企业目标，因此资源拼凑的程度反而会得到加强。对创业企业而言，当组织声望很低时，企业获取外部资源的成本较高，通过资源拼凑能够降低资源获取的成本。当组织声望升高时，企业的资源获取途径趋于稳定，利益相关者更愿意为企业提供相关资源，这时企业会减少资源拼凑行为。当组织声望到达一定高度时，会有更多的企业愿意提供相关资源，因此会造成大量的重复或者冗余资源，这时只有通过资源拼凑才能够合理利用这些资源，资源拼凑的程度又会得到加强。

赵兴庐、张建琦(2016)通过对245家新企业进行研究发现，创业者的创业资本对资源拼凑具有重要的促进作用，其中，他们重点研究了创业者的先前创业经验、行业知识和社会关系对资源拼凑的影响，这种观点也得到了众多国外研究学者(如Fuglsang、Baker、Miner、Eesley et al.)的验证。他们的研究成果包括：创业者的先前经验越丰富，越有利于提高资源拼凑的有效性(Fuglsang，2010)；创业者的社会网络关系和强度对资源拼凑的前置效应(Baker et al.，2003)；学者通过对两家中小企业进行案例研究发现，组织信任和组织学习对资源拼凑的有效性具有积极影响(Ferneley & Bell，2006)；学者通过对113家社会创业企业进行研究发现，创新生态对资源拼凑具有促进作用(Gundry et al.，2011)；学者考察了在2005－2010年建立企业且2011年还存活的并存在拼凑行为的企业，发现创业激情能够促进资源拼凑行为，具有发明激情和发展激情的创业者更愿意从事资源拼凑活动(Stenholm & Renko，2016)。吴亮、赵兴庐、张建琦(2016)认为资源拼凑也具有二元性，且基于资源支持的视角，他们发现探索式创新和利用式创新对资源拼凑都具有促进作用。左莉、周建林(2017)通过对213家大连市的创业企业进行研究发现，具有较高认知柔性的创业者能够更好地开展资源拼凑活动，且环境动态性越高，越有助于认知柔性向资源拼凑的转化。祝振铎(2015)通过对212家新创企业进行研究发现，创业导向对资源拼凑活动具有积极影响，这种观点早在2010年曾被国外学者印证过。此外，张启尧、孙习祥(2016)还发现市场导向对资源拼凑存在促进作用。赵兴庐、张建琦(2016)通过对336家资源匮乏的企业进行研究发现，企业在新产品开发的过程中，财务资源、人力资源和时间资源越匮乏，企业越倾向于进行资源拼凑活动。

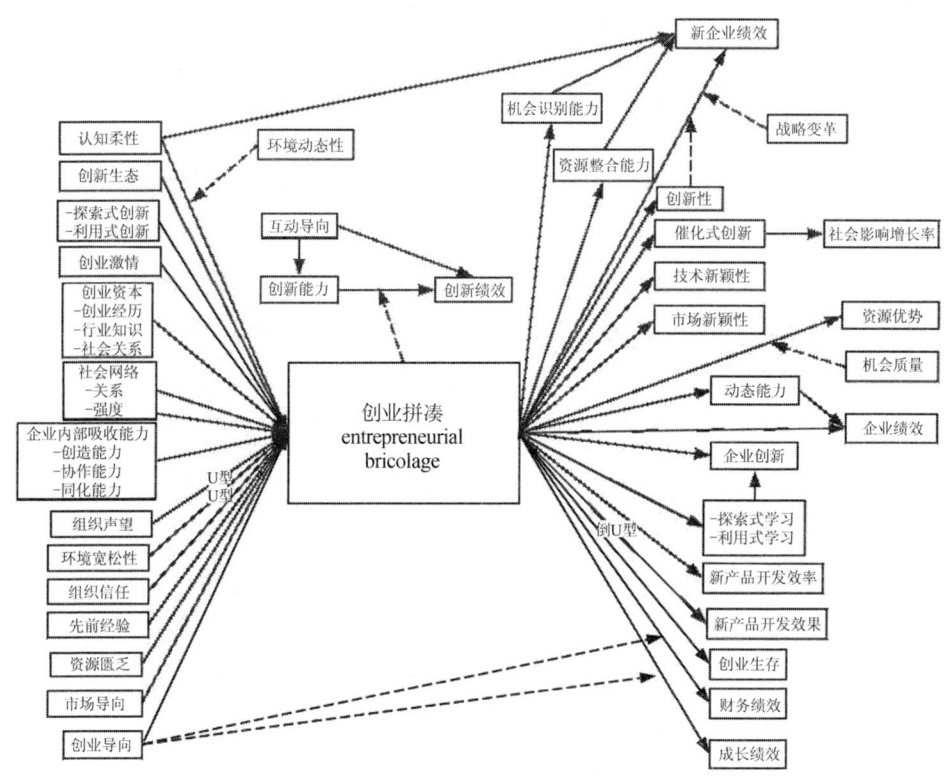

图 2.8 资源拼凑的已有实证研究脉络

其次,资源拼凑的结果变量大体可以分为三类,即绩效、创新和能力。圣亚德(Senyard et al.,2010)通过对 1 011 家新创企业进行了长达四年的纵向分析,研究发现资源拼凑对新企业绩效具有促进作用,且企业具备的战略变革性和创新性越高,资源拼凑转化为绩效的能力越强。随后,国内众多学者也对拼凑与企业绩效的关系做出了验证(如张建琦、赵兴庐、祝振铎、李非等)。其中,祝振铎、李非(2014)对资源拼凑与财务绩效和成长绩效的关系进行了深入研究,结果表明资源拼凑对新创企业的财务绩效和成长绩效都具有显著的正向影响,并且祝振铎(2015)还发现具有创业导向的新企业能够促进资源拼凑向新企业绩效的转化。

相关学者通过对软件行业的研究发现,资源拼凑不仅能够促进产品的生产效率还能够提高产品的销售额(Oliver,2012)。赵兴庐、张建琦(2016)通过对 336 家企业进行调研发现,资源拼凑可以提高企业新产品的开发效率,但与新产品的开发效果存在倒 U 型关系,即当企业进行适度的资源拼凑时,能够通过提高产品的新颖性来提升新产品的开发效果。而当企业过度拼凑时,会导致新产品的创新性和质量大幅度下滑,降低新产品的开发效率和新产品质量。此外,他们还发现资源拼凑对新企业的技术新颖性和市场新颖性也具有显著的正向影响。Senyard 等(2014)发现缺乏重要的资源禀赋会限制新企业的创新能力,认为进行资源拼凑的新企业能够突破资源约束以提高企业的创新性。还有学者通过对 41 名社会创业者进行为期两周的跟踪调研发现,资源拼凑能够催化创新,并通过催化创新提高企业的社会影响力增长率(Kickul et al.,2010)。随后,其他学者也证实了资源拼凑对催化创新产生的积极作用(Gundry et al.,2011)。张建琦等(2015)通过研究三个典型案例发现,资源匮乏的中小企业通过运用拼凑的理念促进双元学习(资源层的利用式学习和创意层的探索式学习)以提高企业的创新结果,且不同的双元模式组合会带来不同的创新效果("新颖"替代式创新和"凑合"替代式创新)。何一清等(2015)通过对 120 家物流企业进行研究发现,企业的资源拼凑能力越强,越有助于创新能力向创新绩效转化。

李非、祝振铎(2014)通过对 212 家新创企业进行调研发现,资源拼凑能够提高企业的动态能力,并通过动态能力积极影响新企业绩效。赵兴庐等(2016)利用 349 家成立 6 年以内的新创民营企业样本数据分析发现,要素拼凑和制度拼凑对资源整合能力具有显著影响,顾客拼凑和制度拼凑能够提高企业的机会识别能力,且资源整合能力和机会识别能力的提升对新企业绩效具有促进作用。此外,还有学者研究资源拼凑对创业生存、资源优势、企业竞争优势等的作用。例如,实施高水平拼凑的创业公司会获得更好的资源优势,且机会质量越高,通过拼凑创造的资源优势越明显(Steffens et al.,2010);资源拼凑对创业生存具有重要作用(Stenholm & Renko,2016)。

第三章 变革领导力对团队资源拼凑影响的理论模型构建及假设提出

通过上一章对知识治理理论、社会认同理论、资源基础理论、自我决定理论等理论基础的阐述,以及对变革领导力和资源拼凑相关文献进行的回顾和系统梳理,为本章在个体和团队层面探讨变革领导力对团队资源拼凑的影响提供了有力的理论和文献支撑。在此基础上,本章首先对文中涉及的变革领导力、员工建言、员工心理安全、团队认同、团队激情、团队知识治理能力和团队资源拼凑的内涵进行明确概念界定。其次,为了进一步明确不同变量之间的作用机理,本章以变革领导理论和资源拼凑理论为研究基础,从个体层面和团队层面出发,构建变革领导力对团队资源拼凑影响的理论模型,并提出相关理论假设。

第一节 相关概念界定

为了构建变革领导力对团队资源拼凑的关系模型,本书将对变革领导力、员工建言、团队认同、团队激情、团队知识治理能力和团队资源拼凑的相关概念进行界定,以期明确其内涵并理解其内容。

一、变革领导力

伯恩斯(Burns,1978)开创性地提出变革领导力(transformational

leadership)的概念,对领导理论的发展产生了深远影响。随后,巴斯(Bass,1985),以及巴斯和阿沃里欧(Bass & Avolio,1994)对其概念体系进行进一步拓展,并提出了构成变革领导力的四个维度(idealized influence、inspirational motivation、intellectual stimulation、individual consideration,即 4 I's),即理想化影响、鼓舞士气、智力刺激和个性化关怀。此后,变革领导力逐渐成为学术研究的焦点。变革领导力指领导者通过自身的影响力向员工传递其理想和目标,激发员工产生高水平承诺和工作积极性,进而促使员工付出更多的努力来达成更高绩效的领导行为。变革领导力主要体现为领导者的一种推崇变革和革新的领导风格、领导倾向和领导行为偏好(朱秀梅等,2015)。

以往关于变革领导力的研究多将其视为一个整体构念,这些研究致力于揭示变革领导力对心理授权、工作满意度、组织承诺、组织公民行为、团队创造性和绩效等方面的影响。然而,随着多层面研究在组织科学中的兴起(Klein et al.,1994),变革领导力的跨层面研究成为一个新的理论拓展方向(Wu et al.,2010;Tse & Chiu,2014)。学者开始从个体、团队、组织、群体等多元视角分解变革领导力的构念(Kirkman et al.,2009;Zhu & Bao,2017)。在本研究中,笔者从个体层面和团队层面出发,基于双元视角对变革领导力展开研究,并关注个体和团队导向变革领导力的区别、联系,以及产生的组织效能(Wu等,2010)。

个体导向变革领导力(individual-focused transformation leadership)以情境领导理论(Fiedler,1967;Walter & Bruch,2010)为基础,认为有效的领导力能够通过员工个体差异(如能力差异)和情境因素差异(如资源、任务结构差异)来改变员工个体的行为,从而实现对雇员个体间的差异化领导(Wu et al.,2010)。个体导向变革领导力起因于领导和每个员工之间的差异化关系(Wang et al.,2005),是一种聚焦于员工个体的领导行为,可视为一种"酌情刺激"(discretionary stimuli)。

团队导向变革领导力(team-focused transformation leadership)是一种基于平均领导风格的理论范式(Dansereau et al.,1984;蔡亚华等,2013)。平均领导风格理论认为领导将团队视为一个整体,用相同的方式对待每一个成员,更注重团队氛围的构建(蔡亚华等,2013)。团队导向变革领导力更关注团队成员之间的共享与合作(Chen et al., 2007),体现为领导者对团队整体的刺激作用(Chen & Bliese, 2002),目的是提高团队的整体效能。

近年来,变革领导力的四个维度也从二元视角开始区分(Shamir & House, 1993; Kark & Shamir, 2002; Schriesheim et al., 2009; Wu et al., 2010)。其中,个性化关怀和智力刺激聚焦于个体层面,旨在通过解决每个员工的独特性来影响员工个体,个性化关怀和智力激励都需要通过领导与员工之间的直接接触和亲密关系达成。个体导向变革领导力是通过改变每个人来提高员工的绩效,员工更倾向于同领导者建立亲密的、直接的、独特的关系,体现在信任、支持、满意度和人际吸引力上(Wang et al., 2005)。不同于个体层面,团队层面更多地受到理想化影响和鼓舞士气的影响,其目的是通过影响一个小组进而影响整个团队,他们关注团队内部的共同点、共同价值观和意识形态。团队导向变革领导力更注重团队氛围的构建,体现在对领导者的影响力和具有挑战性的愿景的共同理解上。

二、员工建言

员工建言(employee voice)是一种以变革为导向的创新意见,强调员工提出建设性的改善建议而不仅仅是进行批评的一种组织促进性行为(Van Dyne & LePine, 1998)。这种行为的出现起源于员工能够识别出工作中亟待改善的工作制度源头或能够改善组织现状的机会(Hirschman, 1970)。员工建言这一概念早期是从组织公民行为和关系绩效等角色外行为的概念中演变而来的,具有以下几个显著特征:第一,员工建言多数为一种口头表达行为;第二,员工建言是一种能够自由决定的行为,受多种因素影响;第三,员工建言要具有建设性,目的是为企业带来积极的改变和促进企业绩效的提升,并非简单地抱怨或发泄,因此建言行为也可以被视为一种前瞻性行为(Elizabeth, 2011)。

此外,员工建言的内容也是多种多样的,既可以是一种改善组织的意见或解决工作相关的问题的建议(Milliken et al., 2003),也可以是指出工作中的不公平情况或不当行为(Pinder & Harlos, 2001),还可以是一种重要的战略意见(Dutton & Ashford, 1993),或与他人不同的一种观点(Premeaux &

Bedeian，2003)。学者根据建言行为的构成内容，把员工建言划分成促进性建言和抑制性建言两种(Liang & Farh，2008)，促进性建言和抑制性建言是目前应用最为广泛的二维建言行为模型。其中，促进性建言是指员工主动提出改善企业运营或提高组织效率的建议，而抑制性建言是指员工大胆指出在工作中存在的阻碍企业发展的问题(Liang & Farh，2008)。综上所述，本书将员工建言界定为以改善现状为目的而提出关于组织改进的建设性意见，是员工做出的自发性努力行为，这种行为不仅能够完善团队决策，还能够提高工作团队效能。

三、员工心理安全

心理安全(psychological safety)的概念最早可以追溯到沙因和本尼斯(Schein & Bennis，1965)在组织变革理论中的论述，他们认为在组织变革背景下，员工有心理安全的需要，并认为这种心理安全的需要能够激发员工的工作动机和绩效，这对组织变革的成败尤为重要。不确定性管理理论(uncertainty management theory)认为，员工在工作情境中会面临许多人际交往中的不确定性和人际风险(Lind & Van der Bos，2002)。正是由于这种不确定性和人际风险促使员工产生对心理安全和人际信任的需求(Edmondson，1999)。卡恩(Kahn，1990)在研究个体工作投入的过程中发现心理安全在其中具有重要作用，心理安全是决定个体能否将自我投入到工作角色的一个关键因素，是员工是否敬业的心理条件之一，基于此，他提出了完整的个体层面心理安全的概念。他认为，个体心理安全是指个体能够自由地表达真实情绪，而不会担心这种行为产生的消极影响，表现为个体对所处环境的一种主观感受(Kahn，1990)。随后，学者基于动态视角把心理安全划分成自我心理安全(self psychological safety)和他人心理安全(other psychological safety)两个子概念(Tynan，2005)，他认为自我心理安全是指个体在人际交往中感受到的安全程度，强调的是个体对自身心理安全的感知，例如，我是否能感受到他人对自己的尊重、信任或为难等；他人心理安全是指个体在人际交往中感受到的他人心理安全程度，强调的是个体对他人心理安全的感知，例如，当我能够在交往中感受到他人的心理安全时，我会更积极地与他互动(邹艳春、印田

第三章　变革领导力对团队资源拼凑影响的理论模型构建及假设提出

彬，2017）。

然而随着学者对心理安全研究的不断深入，学术界对心理安全的界定不再局限于个体层面，逐渐开始从团队层面和组织层面解读心理安全的定义。埃德蒙森（Edmondson，1999）在研究团队学习行为的过程中提出了团队心理安全的构想，他发现心理安全不仅体现在个体层面，还能够表现一种群体水平，即团队心理安全（team psychological safety）。他认为团队心理安全表现为团队整体特征，是团队成员的一种共享信念，这种共同信念是建立在团队成员彼此信任且相互尊重的基础上的，他们均认同"承担风险是安全的"这一观点。与之相似，布朗和利（Brown & Leigh，1996）认为组织心理安全也是组织成员的共享信念，表现为一种组织共享氛围，具有三个显著特征，即员工感受到组织中的支持性管理、清晰的工作角色定位和允许自我表达。

在本研究中，笔者主要关注的是员工个体层面在工作环境中的心理安全感知，参考Kahn（1990）对心理安全的界定，并结合本书研究情境，将员工心理安全定义为员工在工作环境中对人际交往风险的主观感知，个体认为能够自由地表达真实情绪，而不会担心这种行为产生的消极影响。

四、团队认同

学者对团队认同概念的探索最早追溯到对社会认同（social identification）（Ashforth & Mael，1989）的研究上。社会认同是一种心理感知过程，表现为一种个体与社会团体之间有深度的、有感情的自我身份认知（Edwards & Peccei，2007）。研究发现，具有社会认同感的个体能够增强自我意识、减少不确定性，既表现出与团体内部成员的相同点，又能够与团体外部成员进行积极区分（Brewer，1991）。当个体认同自己属于某个社会团体时，一般存在三种情况：第一，个体符合某个社会团体的标签或分类；第二，个体符合该团体的相同特征（如价值观、道德标准、态度等）；第三，个体对某个团体有心理依赖和归属感（Dutton et al.，1994；Pratt，1998；Tajfel & Turner，1986；Van Knippenberg & Ellemers，2003）。然而，认同目标多种多样，可以是对领导者的认同、对个体的认同，也可以是对组织的认同、对团队的认同、对群体的认同等。而当个体的认同对象变成团队时，我们就可以把这个过程称为团队认同(Van Knippenberg & Ellemers, 2003)。由于团队可以被视为组织的一种特殊形式,因此我们也可以把团队认同看作是组织认同的一种特殊形式(Mael & Ashforth, 1992)。

研究发现,团队身份的形成有两种途径,包括"自上而下"的方式和"自下而上"的方式(栾琨,2016)。首先,"自上而下"的方式是指成员对团队身份产生自己的感知和理解并产生一定的认同感,随后成员将团队的内涵(如规范、制度、要求、信念等)转变为成员自身的行为准则,因此所有认同该团队身份的成员都会表现出相同的行为(Turner et al., 1994);其次,"自下而上"的方式要求成员对团队目标具有较高的承诺度(Jans et al., 2011),在团队目标的激励下,团队成员有更高的意愿和动机投入工作中,团队成员之间建立彼此信任的关系,进而使成员对其所属的团队身份产生更高的认同感。

学者对团队认同的界定主要是从情感和认知两个方面进行。在情感方面,学者将团队认同定义为:在特定团队中团队成员从情感上将自己与团队成员身份紧密连接起来的显著程度(Van der Vegt & Bunderson, 2005)。任荣(2011)认为团队认同是个体以团队为目标,以团队成员身份对自我进行定义,将团队的目标、利益和规范视为自己的特征,并有一种归属于该团队的强烈情感上的认同。在认知方面,理论界通常将团队认同定义为"团队成员对团队身份的归属感或者是感知到的和团队身份的同一性(oneness)"(Ashforth 等,2008;栾琨、谢小云,2014)。综上所述,本书对团队认同的界定结合情感和认知两个方面,认为团队认同是指团队成员不仅会对团队身份产生强烈情感上的认同,而且能够感知到自己与其他团队内部成员的相同点,以及与团队外部成员的差异。

团队认同的维度划分最为广泛的有两种方式,即单维结构和三维结构。研究单维结构的学者主要有梅尔和阿什福斯(Mael & Ashforth, 1992)等。而研究三维结构的学者主要有塔什费尔(Tajfer, 1981)、享利(Henry et al., 1999)等,在三维结构中应用最为广泛的是 Tajfer(1981)提出的维度划分,即认知、评价和情感。在本研究中,笔者采用的是团队认同的单维结构。

五、团队知识治理能力

知识治理的概念是由格兰多里(Grandori)在1997年首次提出的,他认为知识治理是对企业内、外部间的知识交换、转移和共享等知识活动的治理。福斯(Foss,2002)在格兰多里的基础上进一步扩展了知识治理的概念,他认为知识治理可以分为两个方面进行理解,即正式的知识治理和非正式的知识治理,这两种方式分别代表了影响知识活动过程中"硬"的和"软"的因素。Foss等(2010)认为知识治理通过正式的和非正式的组织机制来影响知识的运用、共享、整合和创造以达成组织期望。因此,我们也可以把知识治理看成是通过选择恰当的正式或非正式的组织结构和机制使知识活动(转移、分享和创造)得到最优化的过程。其中,正式知识治理主要包括组织结构、奖励机制、工作设计和领导权等(Foss,2009),是一种以正式的组织机制和安排为治理结构的治理机制。非正式知识治理主要包括企业文化、内部沟通、组织公平和管理层的支持等(Dyer & Hatch,2004),是一种以非正式的组织机制和实践活动为治理结构的治理机制。此外,正式知识治理和非正式知识治理并不是孤立存在的,这两者之间还存在一定的作用关系(张太生等,2015)。研究发现,正式知识治理能够对非正式知识治理产生积极影响,且不同的正式治理机制会产生不同的影响(张太生等,2015)。

知识治理能力体现在企业对知识获取、分享、转化等组织相关知识活动的治理过程当中(芮正云、罗瑾琏,2016)。这种能力更多地体现在集体层面,而不是个人层面(姚伟,2013)。在本研究中,我们把知识治理能力界定为团队层面的能力。本书认为,团队知识治理能力(team knowledge governance capability)是指团队在整合内、外部知识资源的基础上,通过适当的治理机制规范知识活动,优化知识治理流程,并塑造团队知识共享氛围的能力。基于这个定义,可以看出团队知识治理能力体现在三个方面:首先,团队具备一个相对完善的知识治理机制。团队的知识治理能力越强,其知识治理机制越完善。从这个角度看,团队的知识治理能力体现在对团队知识活动的规范性上。团队通过制定合理的知识治理机制,审查、规范、监督和修正知识管理过程(Zyngier et al.,2006),使知识资源能够合理分配,进而提高知识治理质量。其次，团队重视知识治理流程。团队的知识治理能力越强，其知识治理过程效率越高，知识治理流程节点准确性越高。从这个角度看，团队的知识治理能力体现在对团队知识活动过程的最优化上。具有较高知识治理能力的团队能够优化知识交换、知识转移等知识活动的流程，并通过对不同知识源进行有效组合和利用，以实现知识创造价值最大化（王睢，2009）。最后，团队具备知识共享的氛围。团队的知识治理能力越强，其知识共享氛围越热烈。从这个角度看，团队的知识治理能力体现在对团队知识共享氛围的塑造上。具有较高知识治理能力的团队可以通过激励机制或奖惩措施塑造共享氛围（He & Wang, 2009），且知识治理能力越强，团队知识共享氛围越热烈，进而加强成员进行知识共享的意愿。

六、团队激情

西方哲学家很早就提出了激情的概念，较为著名的研究学者是笛卡尔（Descartes），他在1649年提出关于激情的观点并得到了学者的广泛认同，人们把他称为"现代激情理论的奠基人"。Descartes（1649）认为，激情是每个人都具备的，通过灵魂本身对某项活动的体验或认识而产生的一种强烈感情。这一概念是在哲学背景下提出的，哲学家对激情的概念有两种看法（Rony，1990），一方面，他们认为激情是一种积极的观点，个体激情具有一种主动性，当个体能够控制自身激情时就能够获得相应的利益（Paturet, 2001）；另一方面，他们认为激情是一种相对消极的观点，个体激情表现出一种被动和消极的属性，个体会受到激情的控制，会被强迫从事某项活动而减少其理性。进入20世纪90年代以后，心理学家也加入对激情的研究中，并在关注激情的定义时更强调其中的情感因素，重视对激情动机内涵的发掘。他们认为激情是一种能使人快乐并为人们带来希望的正能量，能够加强人们对其喜爱事情的注意力，使他们在从事这些事情时能够全神贯注（Belitz & Lundstrom, 1997）。斯梅尔（Smilor, 1997）认为，当人们有时间和机会去追逐自己的梦想时就会产生激情，人们在从事有价值的事情或挑战时，往往精力充沛，并具备不屈不挠的精神，这种强烈倾向就可以称为激情。此外，还有一些心理学家关注的概念与激情极为相似，如积极和消极依赖（Glasser, 1976）、行为成

第三章 变革领导力对团队资源拼凑影响的理论模型构建及假设提出

瘾(Sachs，1981)、工作狂(Spence & Robbins，1992)、卷入(Kanungo & Misra，1988)、个人显著行为(Waterman，2005)等。

近年来，学者对激情的研究涉及众多领域，如体育运动(Vallerand et al.，2008；Carbonneau et al.，2010)、恋爱、赌博(Vallerand et al.，2004；Mageau et al.，2005)、音乐、创业(Cross & Travaglione，2013；Baum & Locke，2004；Cardon et al.，2009)、工作(Vallerand et al.，2003；Vallerand，2012)等。在本研究中，我们更关注的是团队成员在工作中的激情感知。直到21世纪，学者才开始关注激情在工作领域中的作用。瓦勒朗(Vallerand)等在2003年首次将一般激情的概念引入工作领域，并提出了工作激情(work passion)的概念，他们认为工作激情是个体对工作表现出的一种强烈情绪和喜好，并愿意为工作投入更多时间和精力。而在组织领域中，工作激情的研究起源于工作投入(engagement)，工作投入表现为一种积极的工作状态，学者对工作投入的研究更多是与承诺、价值观、愿景、卷入等变量相关，用于解释这种积极的工作状态。然而随着学者的深入研究，发现工作投入在情感、认知等方面的情绪表达还不够准确，只有超越且又包含工作投入的概念才能够表达上述工作状态，工作激情的出现恰好符合此条件(Zigarmi et al.，2009)。由于工作激情具有丰富的内涵，因此学者对工作激情也有不同的理解。有学者认为工作激情是一种积极的工作态度，表现为对工作的强烈喜爱和愉悦感情，并认为工作对个体具有重要意义(Ho等，2011)。有学者认为员工工作激情(employee work passion)是员工个体通过对工作和组织情境进行情感和认知评价而表现出的一种幸福或健康状态(Zigarimi et al.，2009)。

现有研究主要聚焦于个体层面，关注个体的自主性和能力对工作激情的影响(Chen et al.，2015)。然而，有学者发现激情不仅可以表现在个体层面，还可以表现为一种团队层面的激情氛围(Chen et al.，2015；蒿坡等，2015)。团队激情倾向于被看成是一种氛围(蒿坡等，2015)，更可以看作是一种涌现现象，是团队成员对团队任务所表现出的强烈偏爱(Chen et al.，2015)。有学者认为团队激情来自团队成员的认知、情感和行为等特征，通过成员之间的交互作用而被放大，汇总到团队层面，表现出一种高水平的集体现象(Kozlowski & Bell，2003)。

团队激情这一概念体现了两个方面的特点：第一，团队凝聚力。格罗斯和马丁(Gross & Martin, 1952)认为团队凝聚力表现在两个方面，即工作凝聚力(task cohesion)和人际凝聚力(interpersonal cohesion)。工作凝聚力是指团队成员被团队目标或任务所吸引，从而增强对工作的兴趣，并为完成目标付出更多努力；人际凝聚力表现为团队成员的相互吸引或团队成员对团队的热爱(Evans & Jarvis, 1980)，从而促使团队成员间进行相互交流和协调。第二，团队情绪。团队情绪表现为一种团队情感氛围(George, 1990)。巴萨德和吉布森(Barsade & Gibson, 1998)认为团队情绪可以通过两种方式感受，即自上而下的方式和自下而上的方式。其中，自上而下的方式是指团队作为一个整体，通过心理力量(如心理影响)、社会规范(如情绪体验、情绪表达)、人际关系(如团队凝聚力)和感受团队发展(了解团队发展趋势)等方式使团队成员感受到团队情绪；自下而上的方式是指每个成员的情绪汇总到团队层面共同对结果变量产生影响的过程。

此外，基于自我决定理论，Vallerand 等(2003)提出了工作激情的二元模型，即和谐式激情和强迫式激情。这两种激情具有本质区别，和谐式激情(harmonious passion)是指个体具有自主选择权，能够自由选择从事某项工作的强烈动机倾向，个体对工作的参与是建立在个体控制之下，个体参与某项活动是基于自身兴趣或挑战，而不是外在因素导致的(Sheldon, 2002)；强迫式激情(obsessive passion)是指个体感到无法控制自己是否去参与某项工作的强烈倾向，个体从事某项工作可能建立在外部压力或控制力下，虽然个体仍然愿意从事某项工作，但个体可能受到某些附加的权变因素影响，使他们不得不从事这项工作。基于上述观点，我们认为这两种激情在团队层面也会有所表现，因此团队激情也可以表现为和谐式和强迫式两种。团队的和谐式激情是指团队成员出于对完成团队任务本身的追求，而有选择地自由从事某项工作任务的积极情绪倾向(Seguin-Levesque et al., 2003)；团队的强迫式激情是指团队成员由于外部动机，而表现出被动从事某项工作任务的积极情绪状态(张剑等, 2014)。

综合上述研究，本书将团队激情界定为团队成员对团队任务所表现出的积极情绪，经过团队成员之间相互作用而得到了加强，使团队整体表现出一种更为强烈的正面情绪状态。

七、团队资源拼凑

团队资源拼凑的概念来源于资源拼凑，因此在界定团队资源拼凑概念之前，要先界定清楚资源拼凑的概念。

资源拼凑的研究起始于人类学家列维-施特劳斯（Levi-Strauss），他早在1967年首次提出了拼凑（bricolage）的概念，随后被应用于不同的学术研究领域（如人类学、法学、教育学、进化生物学等）（Domenico et al., 2010）。随后，在2005年Baker & Nelson首次把拼凑引入创业领域，称之为创业拼凑。近年来，资源拼凑作为一种解决新企业资源约束问题的独特方式逐渐引起学者的研究关注。Baker & Nelson（2005）认为"拼凑就是凑合利用和整合手头上的资源以解决新问题和开发新机会的过程"。这是大多数学者比较认同的资源拼凑的概念。这一概念的本质体现在两方面，一是充分利用手头资源，二是资源重构。利用手头资源是指对已经存在但还未被发现或被忽视的资源的创新性利用，这要求企业充分识别和评估已有资源。资源重构是对现有资源的重新整合，企业根据不同目的，以新的视角看待手边资源，利用新的创意元素，通过构造新颖的组合，充分挖掘现有资源的新价值，创造现有资源的新的使用价值。

从资源拼凑的对象看，资源拼凑主要是对不同类型资源进行的有效拼凑。Baker & Nelson（2005）指出资源拼凑是对物质资源、人力资源、技术资源、市场资源和制度资源等五类资源进行拼凑。在资源拼凑的过程中，拼凑者的注意力更多地聚焦于手头资源，这里的手头资源包括可控资源和创业者通过社会交换或非契约形式获取的廉价或免费资源（祝振铎、李新春，2016）。

然而，随着多层面分析（multilevel analysis）在组织研究中的兴起，学者开始试图从不同层面解读资源拼凑行为。现有关于资源拼凑的研究更多关注组织层面（Cunha, 2005），并将其视为创业者个人或创业企业的行为（梁强等，2013）。随着研究的深入，有学者发现资源拼凑不仅可以发生在管理层，还可以作用于执行层（Cunha, 2005）。当拼凑作用在管理层时，它会产生一定的战略影响，有学者认为，这种战略影响产生的原因可能是管理者更喜欢通过拼凑的手段进行结构改革而不是支付高额的沉没成本或过早给予员工承诺(如制度拼凑)。但由于环境动荡性等因素可能导致原有的拼凑计划失灵，因此管理者需要在原有计划之外进一步挖掘现有资源以解决新的问题(梁强等，2013)。以往研究大多针对战略层面进行分析，而在执行层面拼凑的定义尚未有明确界定，其影响机理还没有学者进行深入分析。

随着知识经济时代的到来，团队逐渐成为企业的重要组成单元(Frazier，2009)，在企业中占据无可替代的作用(张艳清等，2015)。团队作为企业资源拼凑过程中重要的执行主体，同样存在拼凑行为。对于工作团队而言，其面临的挑战与企业极其相似，且团队目标和企业目标高度一致。新企业面临的资源约束同样是工作团队需要解决的问题，企业通过拼凑方式解决资源约束问题的同时，也会提高团队的资源拼凑能力(梁强等，2013)。从宏观战略角度看，资源拼凑是企业的行为。从执行层面看，团队是资源拼凑的主要工作单元。虽然有学者提出拼凑既可以应用在个体层面也可以应用于团队层面(Cunha，2005)，但尚未有学者对团队资源拼凑进行清晰的界定，更忽视了团队在资源拼凑过程中的重要作用。因此，研究团队资源拼凑具有重要意义，不但在定义上具有创新性，也为后续的资源拼凑相关研究拓展了新的视角。

综上所述，借鉴学者对资源拼凑的定义，本书认为，团队资源拼凑是指通过整合团队现有资源，结合全体团队成员的经验和创新意见，根据资源的不同特性对现有资源进行创造性利用和重组以解决团队面临的具体问题，体现为团队整体对现有资源的拼凑能力。此外，本书根据资源是否可以交易和定价，把团队资源拼凑的资源对象划分成两大类，即传统的交易性资源和非交易性非定价资源。传统的交易性资源拼凑主要指对人力、财力、物力、技术、市场等有形资源的拼凑，为这些资源赋予新的属性，将其改造成有价值的资源的行为(张建琦等，2015)。非交易性非定价资源包括网络资源(Baker et al.，2003)、社会资源(Domenico et al.，2010)、客户资源(赵兴庐等，2016)、制度资源(赵兴庐等，2016)、创意资源(张建琦等，2015)等。

第二节 概念模型的提出

资源对于新创企业的生存和发展至关重要（Hoegl et al.，2008）。但由于"新生弱性"和"小而弱性"，导致资源约束通常是许多新创企业的常态（Senyard et al.，2014），大部分新创企业都会面临严峻的资源约束问题（Shepherd et al.，2000），而如何解决新创企业资源约束问题一直是创业研究领域关注的焦点。研究发现，这一概念对新企业突破资源约束及实现企业成长具有重要启发，资源拼凑理论被认为是创业研究领域的一项重要进展（Mair & Marti，2009），并对创业理论研究做出了突破性的理论贡献（Davidsson，2008）。由此，资源拼凑逐渐成为创业研究领域的一项重要课题（Senyard et al.，2009；Domenico et al.，2010；Senyard et al.，2014；祝振铎，2015）。

从现有研究看，虽然资源拼凑与新企业绩效和创新之间的关系得到了进一步验证（Senyard et al.，2010；Gundry et al.，2011），但资源拼凑的研究还处于相对初级的阶段。尽管有些研究证实了资源拼凑对企业绩效的影响（Senyard et al.，2010），并致力于探讨资源拼凑与组织创新和创造的关系（Gundry et al.，2011；Senyard et al.，2014），但对于新企业如何进行有效资源拼凑的问题还缺少清晰的解答，关于资源拼凑前因变量及影响机制与路径的研究还亟待深入（祝振铎，2015；于晓宇等，2017）。因此，研究团队资源拼凑对解决新企业资源约束问题同样重要，能否进行有效的团队资源拼凑同样是新企业否能够突破资源约束的关键要素。

团队资源拼凑虽然是解决新企业资源约束问题的有效方式，但如何成功实行团队资源拼凑行为却成为新企业面临的巨大挑战。由于新企业小而新的成长劣势和弱性，组织结构和制度还未完善，对工作团队而言，要想达到团队资源拼凑效果的最大化，更要依赖团队管理者的变革性和创造性，而变革领导力是领导者变革性和创造性的最直接体现，变革领导者不仅自身体现了极强的变革性和创造性，对团队整体和团队成员的积极性和创造性也体现了

变革领导力与团队资源拼凑：个体和团队层面

积极的驱动作用(Wang & Zhu，2011)。有些学者研究发现变革领导力具有二元性(个体导向和团队导向)(Schriesheim et al.，2009；Wang & Howell，2010)，聚焦于不同层面的变革型领导行为会对团队整体和团队成员个体产生不同影响(Kark & Shamir，2002)。一方面，能够促进员工个体创造性技能的提升(Aragón-Correa et al.，2007)；另一方面，还能够促进团队整体的创造性(Wang & Zhu，2011)和团队效能的提升(Wang & Howell，2010)。因此，本研究引入变革领导力这一变量，并将其划分为个体导向和团队导向两个层面进行研究，从变革与创造的视角探讨变革领导力对团队资源拼凑的驱动作用。

团队领导和团队成员作为团队资源拼凑的执行和能动主体，在团队资源拼凑过程中具有不同的分工，团队领导更多体现在战略制定和资源配置层面，而团队成员更多体现在战略执行与资源整合利用方面。因此，为了实现高水平团队资源拼凑，还需要团队成员发挥其主观能动性。基于此，为了探索驱动团队资源拼凑的影响路径，本书从执行层面入手，将员工建言和团队认同作为中介变量，分别从个体层面和团队层面研究推动团队资源拼凑行为的影响因素和作用机理。员工建言和团队认同作为员工对团队工作主动性与创造性的直接体现(段锦云，2011)，在团队资源拼凑的过程中发挥了重要作用。在个体层面，变革型领导能够为员工建言提供一个宽松且彼此信任的环境(Bass，1985)，并通过员工建言减少团队资源拼凑过程中时间和资源上的浪费，降低团队资源拼凑风险，优化团队资源拼凑流程，以实现更高的资源利用；在团队层面，变革型领导能够促使员工进行自我分类，从而找到属性相同的团队并加入其中(Kark & Shamir，2002；Mumford & Strange，2002)，并通过改变成员的自我概念，提高团队成员对团队的认同感(Ellemers et al.，2004)，团队认同感越高，团队凝聚力越强，团队成员越愿意进行知识分享，为团队资源拼凑提供充足的资源储备，进而促进团队资源拼凑。

此外，为了进一步揭示变革领导力对团队资源拼凑的影响路径，本书将员工心理安全、团队激情和团队知识治理能力作为调节变量。首先，员工心理安全体现了员工对工作积极性和主动性的内在动机。当员工心理安全感较高时，会对自己和领导产生更多信心，有助于员工感受并接受更多的变革领导行为并对领导产生积极反馈，加强变革领导力对员工建言的促进作用。其

第三章 变革领导力对团队资源拼凑影响的理论模型构建及假设提出

次,团队激情是团队致力于创新活动的内在动力。巴伦(Baron,2008)认为情感能够影响团队认知甚至是创新过程的重要环节。作为情感中较为重要的激情对创新活动具有重要影响,团队激情能够通过自上而下的方式被团队成员感受到,激发员工个体的建言动机。同时,团队激情越强,团队氛围越浓烈,越能加强团队成员对其所属团队的认同感。最后,团队知识治理能力使团队有更完善的机制对知识活动进行管理并优化知识治理流程,这种能力为有效的团队资源拼凑提供了胜任力,是提高团队资源拼凑效率的重要驱动因素。团队进行资源拼凑活动的前提是对现有资源的有效利用,但由于新企业所面临的环境不确定性,团队只有通过知识治理才能有效协调不同资源进而提高团队对资源的利用效率(芮正云、罗瑾琏,2016),加强员工建言和团队认同对团队资源拼凑的有效性。

基于上述分析可知,团队对现有资源的创造性利用能够促使企业克服资源约束和新生劣势,团队资源拼凑作为应对新企业资源约束的一种方式(Halme et al.,2012),表现了团队整体的智慧和创造能力。个体和团队导向变革领导力能够分别通过员工建言和团队认同使团队产生更多的创新经营理念(Senyard et al.,2014),创造更多的优势资源(Steffens et al.,2010),以缓解团队资源匮乏的问题,并通过员工心理安全、团队激情和团队知识治理能力的调节作用,加强团队成员对现有资源的整合和利用能力,提高团队整体资源拼凑能力和效率,进而实现高团队绩效。

综上所述,本书基于变革领导理论和资源拼凑理论的观点,结合知识治理理论、社会认同理论、资源基础理论和自我决定理论,在第一章研究框架的基础上,提出了一个更为详细的概念模型,即个体导向变革领导力、团队导向变革领导力、员工建言、员工心理安全、团队认同、团队激情、团队知识治理能力和团队资源拼凑之间的关系模型。并进一步明确了各研究变量之间的作用关系,即员工建言是个体导向变革领导力与团队资源拼凑之间的中介路径,团队认同是团队导向变革领导力与团队资源拼凑之间的中介路径,员工心理安全调节个体导向变革领导力与员工建言的关系,团队激情分别调节上述两条路径中的前半段路径,团队知识治理能力分别调节上述两条路径中的后半段路径,如图3.1所示。

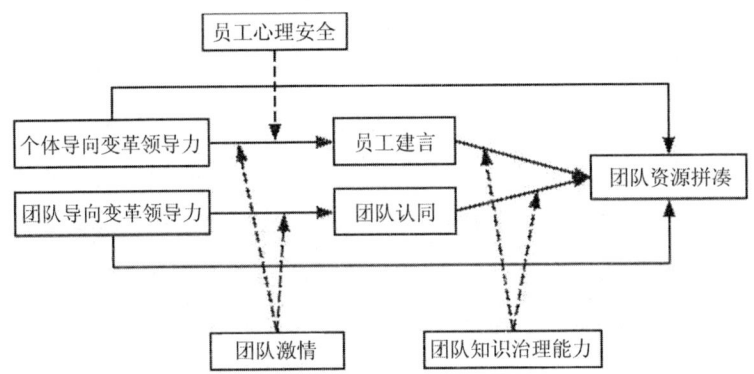

图 3.1 变革领导力对团队资源拼凑的影响——基于个体和团队层面的理论模型

如图 3.1 所示,本研究的概念模型主要包括以下十个部分内容:

(1)变革领导力(个体导向、团队导向)对团队资源拼凑的影响;

(2)个体导向变革领导力对员工建言的影响;

(3)员工心理安全对个体导向变革领导力与员工建言之间关系的调节作用;

(4)员工建言对团队资源拼凑的影响;

(5)团队导向变革领导力对团队认同的影响;

(6)团队认同对团队资源拼凑的影响;

(7)员工建言在个体导向变革领导力与团队资源拼凑之间的中介作用;

(8)团队认同在团队导向变革领导力与团队资源拼凑之间的中介作用;

(9)团队激情分别对个体导向变革领导力与员工建言之间关系和团队导向变革领导力与团队认同之间关系的调节作用;

(10)团队知识治理能力分别对员工建言和团队认同与团队资源拼凑之间关系的调节作用。

第三节 变革领导力对团队资源拼凑的影响研究

一、变革领导力对团队资源拼凑影响关系的研究

新企业由于成立时间较短，存在资源匮乏、抗风险能力差、组织制度和行为规范还不够完善等特点，与成熟企业相比，在人才、资金、技术等资源数量和结构上的差距，直接导致了其绩效之间的差距（Heirman & Clarysse，2004）。因此，这种相对简单且能够灵活变化的组织特性使领导行为对新企业的生存和发展更加重要，新企业对于领导者的依赖程度也尤为强烈（Zhu & Bao，2017）。变革型领导不仅自身具有极强的变革性和创造性，还能够促进团队成员和团队整体的创造力和创新意识（Wang & Zhu，2011），因此变革型领导行为在新创企业中的积极影响更为显著（Agle et al.，2006）。研究发现，变革型领导行为在本质上是多层面的，变革型领导不仅会关注团队整体还会关注团队中的个体成员（Hirschhorn，1991；Wu et al.，2010），即变革型领导认为对新创企业而言，团队总体效能和团队成员的个体效能对组织发展都非常重要。变革型领导在激励团队员工的同时，也需要提高团队整体绩效，并且实现两者之间的平衡和有效互补（Chen et al.，2007；Wang & Howell，2010）。在实际工作中，聚焦于个体和团队的领导行为往往存在同一个团队中（张艳清等，2015），且能够同时作用于成员个体和团队整体（Ymmarinao et al.，2005）并产生影响（Chen et al.，2007；Kirkman et al.，2009）。然而以往对变革领导力的研究更多地将其视为一个整体构念，对变革领导力的跨层面研究还鲜有学者深入探讨（张艳清等，2015）。研究发现，要想从个体层面上升到团队层面要求学者把两个并行的过程一体化，即一方面聚焦于团队的集体属性（整体），另一方面聚焦于团队中的个体成员（部分）（Chen & Kanfer，2007；Dansereau et al.，1999）。从这一角度看，个体层面和团队层面的变革领导力在新企业中是能够并存且互为补充的。因此，在本研究中，笔者将从

变革领导力与团队资源拼凑:个体和团队层面

个体和团队两个视角探讨变革领导力对团队资源拼凑的作用机理。

在个体层面,变革型领导不仅会鼓励员工从多角度分析问题,以寻求新的和最优的解决方案(Schepers et al.,2005),还能够识别和差异化地利用现有资源(Wu et al.,2010),促使团队对现有资源的配置更为合理。

第一,个体导向变革领导力能够通过提升个体创造性和智力激发促进团队资源拼凑。一方面,个体导向变革领导力能够积极影响个体创造力,激发员工创新意识(Wang & Zhu,2011),鼓励员工进行创造性学习,塑造开放性思维,推动员工多角度看待问题,对现有资源进行创造性利用和重组,以打破常规的方式开发资源的新用途和新功能,进而引导团队尝试全新的资源拼凑组合;另一方面,个体导向变革领导力能够通过智力激励和沟通手段提高员工的工作灵活性(Ahmad & Schroeder,2003),促使员工在工作中摒弃守旧的行为准则,而采取创新性的思维方式解决问题,且在应对环境变化时,能够及时对先前的团队拼凑方案进行改善或调整。这种行为准则促使团队更大可能地发现或创造新方法以提高对现有资源的利用效率,进而为团队资源拼凑行为奠定基础。

第二,个体导向变革领导力还能够通过个性化关怀和员工授权促进团队资源拼凑。一方面,根据领导成员交换理论(Walter & Bruch,2010),聚焦于个体的变革型领导能够为员工个体提供支持和个性化建议,促使其对工作产生浓厚的兴趣,提高员工的工作积极性和主动性。在这个前提下,员工更倾向于同他们的领导建立亲密的、直接的、独特的关系(Bass,1985),有利于团队领导进一步挖掘差异化的资源信息,加强团队对现有资源的认知和解读,促使团队产生新的资源拼凑方案。个体导向变革领导力强调的是差异化地对待不同员工,并且依据员工个体差异(Wu et al.,2010)和团队所处的不同工作环境,合理配置和利用现有资源,制定既合理又可行的资源拼凑方案,为后续的团队拼凑行为提供有利指导。另一方面,个体导向变革型领导还倾向于对员工进行授权,这种行为会使员工拥有更高程度的自治权(Ahmad & Schroeder,2003),增强员工的随机应变能力,使员工有权利和动机自发性地尝试新鲜事物,并在团队对现有资源进行重新整合和利用时能够勇敢表达出自己的观点和看法,使团队能够将资源以最恰当的方式进行组合,提高对现

第三章 变革领导力对团队资源拼凑影响的理论模型构建及假设提出

有资源的利用效率，实现对现有资源的价值再创造，促进团队资源拼凑活动。

在团队层面，变革型领导更多地将团队看作一个整体，通过愿景激励和塑造榜样的方式促进团队资源拼凑。一方面，团队导向变革型领导通过愿景激励促使团队成员与团队整体的目标统一，而这种目标一致性正是实现团队资源拼凑效用最大化的前提。团队成员为了实现团队目标愿意付出更多的努力和保持更积极的态度，聚焦于团队的变革型领导通过以身作则的方式激励团队成员之间相互合作(李圭泉、刘海鑫，2014)，整合团队成员的集体智慧创造性地利用现有资源，促进团队开展有效的资源拼凑活动，以解决团队面临的资源约束问题。另一方面，团队导向变革型领导还能够通过塑造榜样激发团队成员的学习欲望，并通过提高团队整体的自主管理程度(Williams et al.，2010)，调动团队成员的学习和工作热情。团队成员根据角色模范所展现的形象以积极的态度学习相关知识并提升自身能力，在学习的过程中可能会产生新的想法或新思维，发现现有资源新的使用价值，为团队进行资源拼凑提供新的思路。

此外，团队导向变革型领导还能够通过提高团队创造性和促进团队共享实现团队资源拼凑。研究发现，团队导向变革型领导会促进团队整体创造性和创新意识(Wang & Zhu，2011)，团队创造力的提升会增强团队对现有资源的利用能力，开发资源的新用途和新功能，进而提高团队资源拼凑。同时，团队导向变革领导力还能够通过塑造团队共享氛围促进团队成员间的知识共享与合作(Chen et al.，2007)，使成员更愿意分享自身的认知、态度、情感或行为感知(Kozlowski & Klein，2000)，团队成员间通过彼此交流，以开放的心态吸收各类知识和经验等，经过相互启发，最终形成具有多样化知识、经验和技能的团队，为团队资源拼凑提供更全面的知识资源和更丰富的拼凑视角，这有利于团队从多种角度组合和拼凑现有资源并发现不同资源的全新组合方式及已有资源组合的新属性，以进一步促进团队资源拼凑活动。

综合上述分析，本书认为，个体导向变革领导力能够通过促进员工个体创造性和对资源的差异化利用，实现团队对现有资源的创新性整合和配置；团队导向变革领导力能够通过塑造团队目标一致性和团队创造性来推动团队资源拼凑活动。

基于此，本书提出如下假设：

H1：个体导向变革领导力对团队资源拼凑具有正向影响。

H2：团队导向变革领导力对团队资源拼凑具有正向影响。

二、个体导向变革领导力对员工建言影响关系的研究

新企业由于具有"小而新"的特点，有许多因素都会制约其发展，员工作为企业任务的能动主体，对企业的运营和发展理应有独特而深刻的见解。然而，在现实工作中，普遍存在的现象却是即使员工发现了领导决策中的失误、企业制度的不完善或企业发展的弊端，但由于担心领导的疏远或担心建言不被采纳而不敢畅所欲言，即使有不同意见也并不会表达出来，这种现象可能会阻碍或抑制企业未来的发展，导致企业绩效的降低（孙瑜、王惊，2015）。研究发现，建言行为不仅对企业管理效能具有显著的积极影响（于静静、赵曙明，2013），还能够提高组织学习效率（Detert & Burris，2007），提高员工绩效和组织绩效（Ng & Feldman，2012）等。因此，员工建言在企业的发展进程中具有重要作用。然而，员工建言作为一种员工的主动性行为，还需要外在推动力。领导作为员工建言的直接目标对象（Detert & Burris，2007），其领导风格对员工建言的影响显得尤为重要（严晓辉，2011）。近年来，已有学者开始关注不同领导风格对建言行为的影响作用（Detert & Burris，2007），如诚信领导（Hsiung，2012）、威权领导（邱功英、龙立荣，2014）、道德领导（梁建，2014；Morrison，2011）、家长式领导（景保峰，2012）、伦理型领导（Walumbwa & Schaubroeck，2009）、真实型领导（邹竹峰、杨紫鹏，2013）和服务型领导（朱玥、王晓辰，2015）等。而变革型领导作为领导风格中的一项重要领导方式，其对员工建言的影响作用也引起了学者的广泛关注。虽然已有学者证实了变革型领导对员工建言的积极作用（Detert & Burris，2007；段锦云、黄彩云，2014），但不同于以往研究，本书将从一个全新的视角诠释变革领导力与员工建言的关系。本研究基于员工个体层面，探讨个体导向变革领导力对员工建言的影响机理。

个体导向变革领导力能够通过个性化关怀和智力激发的方式提高员工的主动性和创造性，进而促进员工建言。从主动性看，个体导向变革型领导会

针对员工的不同特点进行差异化关怀和指导，促使员工与领导建立起亲密的关系（Bass，1985），拉近彼此的距离，增强员工提出不同意见的信心和勇气，使员工更愿意与领导沟通，为员工建言提供了可能。同时，个体导向变革领导力通过个性化关怀还会增加员工对领导的信任和忠诚（Phipps & Prieto，2011），员工会表现出一种积极的态度，及时地将工作中产生的困惑和发现的问题反馈给领导（孙瑜、王惊，2015）。并且由于沟通及时，建言的时效性得到了保障，既可以避免误会的产生，又可以提高员工建言的有效性。由于领导与员工沟通频繁，员工还会得到领导的及时反馈，这大大提高了员工建言的积极性和主动性，这种积极的反馈会有助于员工建言行为的产生。

从创造性看，个体导向变革型领导通过对员工进行智力激发促进员工个体创造性（Wang & Zhu，2011），鼓励员工尝试从不同角度思考问题，塑造创造性思维。建言本质上是一种创造性行为，员工作为建言的主体，当员工的创造性提高时，员工更有可能提出有建设性的意见。同时，个体导向变革型领导还能够为员工提供一个开放、宽松的建言环境（Bass，1985），使员工有意愿、有条件为改善工作方法、改进工作流程和优化工作制度而进行创新思考，加强对工作中遇到问题的关注和思考，激发员工自身的潜能，提出创造性的解决办法。在这种情境下，员工建言既可以是一种改善组织的意见或解决工作相关的问题（Milliken et al.，2003），也可以是指出工作中的不公平情况或不当行为（Pinder & Harlos，2001），还可以是一个重要的战略意见（Dutton & Ashford，1993），或仅仅是与他人不同的一个观点（Premeaux & Bedeian，2003）。总之，个体导向变革领导力能够通过增强员工的主动性和创造性，提升员工的参与感和能力，使其提出更有效的建言，进而通过员工建言改善企业现状。

基于此，本书提出如下假设：

H3：个体导向变革领导力对员工建言具有正向影响。

三、员工心理安全对个体导向变革领导力与员工建言间关系调节作用的研究

研究发现，许多员工不愿提出建言的原因是他们发现其所处的工作环境

会使他们对建言产生顾虑,他们认为如果提出建言会产生很大风险 (Edmondson, 2002)。因此,领导在推动员工建言的过程中会承担一定的人际风险,同时,员工在建言过程中承担的人际风险程度又会对员工建言的积极性和主动性产生一定影响。员工对人际风险的感知就体现为员工心理安全。员工心理安全是指员工在工作环境中感知到的人际交往风险,当员工的心理安全感提高时,会对其行为带来积极的影响,促使员工以更积极的心态参与工作(Kahn, 1990)。员工的积极性和创造性是其提出有效建言的最基本前提。员工心理安全能够通过促进员工积极性和创造性的提升,进而加强个体导向变革领导力对员工建言的促进作用。

从提高积极性的角度看,当员工具有较高心理安全感时,员工对其领导会产生高水平信任和忠诚度(Edmondson, 2004),促使员工更积极地同领导沟通并表达不同意见(Bono & Judge, 2005),并对建言产生高水平动机,增强员工对建言的积极性。由于员工建言的提出必然会损害某一部分员工的利益,甚至可能会对员工自身的人际关系造成不利影响,因此员工经常会产生焦虑、担心等情绪,并承担较大的人际风险(Edmondson, 2002)。研究发现,员工心理安全感越高,越容易产生较高自信,减少建言带来的负面情绪束缚,增加员工提出建言的可能性和积极性(Edmondson, 2003; Detert et al., 2007)。与此同时,员工心理安全感越高,员工能够感知到个体导向变革领导力的作用越明显,领导效力越显著,变革型领导通过个性化关怀和智力激励对员工产生的积极影响会得到加强(杨华,2012),有利于员工感知和谐的人际关系,降低建言风险,加强变革型领导为员工营造的安全建言氛围,促进员工建言的形成与发挥。反之,员工心理安全感降低,领导者实施变革型领导风格的环境得不到支持(杨华,2012),员工感受到领导的关怀和激励效果减弱,导致其对员工建言的作用效果不如前者。因此,在较高员工心理安全感的作用下,个体导向变革领导力对员工建言的促进作用会得到加强。

从提升创造性的角度看,具有较高心理安全感的员工还能够促进其进行不同领域的交叉学习(Carmeli et al., 2009)和创新(Edmondson, 2002; Lee et al., 2004),这些行为不仅有助于员工吸收更多的信息和技术,还能够加强自身的创新意识和创新能力(West et al., 1996),使员工能够提出更具有创造性的解决办法,激发更多的创新想法,加快新产品的开发进程(Moorman & Miner,1998)。社会适应理论(social adaptation theory)认为,心理安全感有助于员工进行自我规划,并通过促进员工进行持续学习提高自身创新性(Burke et al.,2006),与心理安全感较低的员工相比,有较强创新意识和能力的员工会产生更高追求并对领导有积极反馈,使聚焦于个体的变革型领导能够及时了解员工的需求,并以更好的姿态和行为服务于员工,促进其提出更多有建设性的意见。因此,员工的心理安全感越高,个体导向变革领导力对员工建言的促进作用越强。

基于此,本书提出如下假设:

H4:员工心理安全正向调节个体导向变革领导力与员工建言之间关系。

四、员工建言对团队资源拼凑影响关系的研究

拼凑在本质上就是对资源的持续转变和重新配置的动态集合(Lanzara & Patriotta,2001),团队在重新配置现有资源的过程中,需要更多的信息和资源来提高团队资源拼凑的效率和质量,而员工建言恰恰满足这个要求。建言本质上是一种人际互动行为,员工通过建言不仅能够为团队提供新的思路和想法(Ng & Feldman,2012),还能够丰富团队的信息和资源来源。正是这些行为使得员工建言在团队资源拼凑活动中显得尤为重要。

一方面,员工建言能够为团队资源拼凑活动提供创新思路(Ng & Feldman,2012)。团队资源拼凑实质上就是团队对现有资源的一种创造性重组,是在每个员工个体的参与和推动下实现的,这种团队创新思维离不开每一位员工的经验和智慧,且由于员工具有个体差异性(Wu et al.,2010),不同个体所擅长的领域和所掌握的知识各有不同,这就造成了不同员工看待问题角度有所差异。员工表达的不同观点和看法通过建言的方式传递给团队领导者,丰富了团队拼凑思路,同时,员工通过建言与团队领导建立起沟通桥梁,在相互交流的过程中,碰撞出新的火花,提升彼此的创新能力(Ng & Feldman,2012)的同时,还会促进团队学习和创新(Lepine & Van Dyne,2001;Detert & Burris,2007),进而促进团队资源拼凑活动。因此,员工建言不仅能够为团队制定资源拼凑方案拓宽思路,还能够提高团队创新水平,

进而有效促进团队开展的资源拼凑活动。

另一方面,员工建言还能够为团队提供丰富的信息资源。由于不同成员能够接触到的信息来源不同,成员可以通过建言的方式为团队带来更多样化的信息和知识,有利于团队更全面地了解现有资源,为团队及时发现机会或创造新机会以提高对现有资源的拼凑效率提供了可能。同时,由于员工建言具有二元性(Liang et al.,2012),促进性建言和抑制性建言的目的和作用不同对团队资源拼凑的影响方式也会有所差异。从提高效率的角度看,员工提出的促进性建言能够帮助团队优化资源拼凑方案,提升团队对现有资源的认知程度,改善对现有资源的利用方式。从发现问题的角度看,员工提出的抑制性建言有助于团队领导及时发现团队拼凑方案中潜在的问题(Van Dyne & Lepine,1998),降低团队资源拼凑活动产生的风险,亦能纠正团队资源拼凑过程中的错误,促进团队对拼凑方案进行反思,在减少团队进行资源拼凑损失的同时,还能够激发团队创造更多高质量的拼凑方案,有利于团队在开展资源拼凑活动中摸索并最终形成全面而优秀的资源拼凑方案,改善团队资源拼凑质量。由此可以看出,无论是员工的促进性建言还是抑制性建言都会对团队资源拼凑产生积极的影响,促使团队能够更有效地对现有资源开展资源拼凑活动。

基于此,本书提出如下假设:

H5:员工建言对团队资源拼凑具有正向影响。

五、团队导向变革领导力对团队认同影响关系的研究

团队认同本质上是个体的自我分类过程(Turner et al.,1978),是个体对自我所归属团队的心理感知,强调的是个体与其所认同团队的相似性。一旦个体认同自己属于某一团队,他就会遵守该团队的行为准则,以团队成员身份对自己进行定义和分类,形成与团队一致的价值观,且团队认同感越高,个体对该团队的归属感越强烈。研究发现,变革型领导会对员工的组织认同产生影响(Epitropaki et al.,2005;何立、凌文辁,2011),由于团队可以被视为组织的一种特殊形式,因此团队认同也可以看成是组织认同的一种特殊形式(Mael & Ashforth,1992)。基于此,本书认为团队导向变革领导力对团

第三章 变革领导力对团队资源拼凑影响的理论模型构建及假设提出

队认同同样存在促进作用。

一方面,团队导向变革领导力能够通过影响团队成员目标一致性促进团队认同。自我概念领导理论(self-concept leadership theory)提出,恰当的变革型领导行为能够使成员由独立个体向具有共同价值观、共同愿景的团队成员角色转变,这种转变恰恰会加强独立个体对团队的集体认同感(Wu et al.,2010)。团队导向变革型领导通过为团队成员描绘一个共同的愿景,并通过成员对共同愿景进行交流促使员工的个人目标向团队共同目标转变(Mumford & Strange,2002),直至使团队成员拥有一致的目标,并通过强化团队成员的共同价值观,使团队成员能够为了团队集体利益和实现共同目标付出更多努力(Wang et al.,2010)。此外,团队成员为了达成共同目标还会进行合作,而非单打独斗(Wong et al.,2009),这种塑造团队共同价值观和共同目标的行为会加强成员对其所属团队的认同感(Tajfel & Turner,1986)。

另一方面,团队导向变革领导力还能够通过塑造角色模范促进团队认同。团队导向变革型领导不仅能够以身作则,向团队成员传递坚强、勇敢、自信等积极向上的工作态度,使员工对其领导产生一种尊敬和崇拜的感情,这种感情会加强员工对领导的信任感,激发员工对领导的强烈认同,进而促使成员对其领导的团队产生更强的归属感和认同感。此外,团队导向变革型领导还会树立一些优秀员工为角色模范(蔡亚华等,2013),基于自我归类理论(Turner,1985),这种行为会促使员工依附于某一团队,并自我归类为团队成员(Kark & Shamir,2002;Mumford & Strange,2002),增强团队认同。同时,建立角色模范还会激发其所属团队成员的集体荣誉感和使命感,促使团队成员向其学习,以更高的积极性和主动性从事团队活动,这有助于提高成员对其所属团队的依附感和认同感(Van Knippenberg & Hogg,2003)。

基于此,本书提出如下假设:

H6:团队导向变革领导力对团队认同具有正向影响。

六、团队认同对团队资源拼凑影响关系的研究

社会认同理论认为,团队认同感越高,团队成员越可能做出有利于团队的行为。高度团队认同感会提升团队成员的自我评价,使成员感受到强烈的

自尊，促使团队成员为了团队共同利益协调自身的个人利益（Ashforth et al.，2008）。同时，为了实现团队集体利益，团队成员会表现出高水平的承诺和内在动机，有更明确的创新目标并产生更强烈的创新意愿（Dong et al.，2003）。团队资源拼凑要求团队在重新整合利用现有资源时开发出新的价值，这种新价值的出现正是建立在团队对现有资源的创新性利用上。因此，本书认为，团队认同是促进团队资源拼凑的路径之一。

第一，团队认同能够通过促进团队共享提高团队资源拼凑的效率。研究发现，团队认同能够促进信息和知识在团队成员间的共享（Dick et al.，2006），共享程度越高，团队进行资源拼凑时掌握的信息和资源越丰富。具有团队认同感的成员间拥有共同的价值观和目标，这种目标一致性使团队成员间更容易建立起彼此知识共享的联系（杨皎平等，2014）。同时，团队认同度越高，成员间的人际交流与互动越频繁，个体对其他成员的评价和态度越积极，越有利于团队成员间进行知识交流与合作。这种共享行为大大丰富了团队资源拼凑所必需的信息和资源，且团队成员对其所属团队的认同度越高，成员间进行共享的数量和质量越高（Chiu et al.，2006），进而使团队能够发现和调用的资源范围越广，在拼凑时能够组合的资源越丰富，从而提高了团队资源拼凑的程度和质量。

第二，团队认同能够通过促进团队创新影响团队资源拼凑。由于不同成员间的观点差异和意见分歧，导致团队内部存在一定的冲突和偏见（Hornsey & Hogg，2002），具有较高团队认同度不仅能够缓解团队冲突，还能够消除成员间的偏见（Van der Vegt & Bunderson，2005），并通过促进团队学习（Korte，2007），使之形成一种团队创新氛围（Desivilya et al.，2010），这种创新氛围能够推动团队成员对现有资源的创造性利用，为后续的团队资源拼凑活动提供良好的基础。同时，由于团队成员对其所属团队有较高的认同度，成员们会遵守相同的行为准则和规范，即使成员提出的创新想法不具有可行性或有缺陷，也不会有被嘲笑或被疏远的顾虑，这种现象反而会促使团队成员提出更多的想法或创新方法，提高团队整体的积极性和创新性，进而对团队资源拼凑活动起到促进作用。

基于此，本书提出如下假设：

H7：团队认同对团队资源拼凑具有正向影响。

七、员工建言在个体导向变革领导力和团队资源拼凑间中介影响的研究

新创企业往往缺乏合法性（Stinchcombe，1965），且缺少技能或必要的财力获取外部资源（Brush et al.，2006）。因此，新企业中的工作团队在进行资源拼凑活动时会更加依赖手头现有资源。而在挖掘现有资源的过程中，最直接的信息来源就是员工建言。员工能够通过分享自己的意见以获取更多的组织注意或资源投入，由于领导是员工建言的重要目标对象（Detert & Burris，2007），因此领导风格对员工建言的提出和采纳具有很大影响（严晓辉，2011）。个体导向变革型领导会鼓励员工之间建立相互信任的关系（Bass，1985），为员工塑造一个自由开放的工作氛围，这为员工进行建言行为提供了重要的环境基础。

第一，个体导向变革型领导通过对员工进行个性化关怀，促进员工建言的提出，员工的建言行为能够促进团队内部的信息流通及知识共享（Elizabeth，2011），使团队积累丰富的知识和经验，进而使团队避免在资源拼凑活动中的资源浪费（祝振铎，2015）。个体导向变革领导力不仅能够通过促进员工的促进性建言，使团队更合理地配置和优化现有的资源组合，以提高团队资源拼凑效率，还能够通过促进员工的抑制性建言，及时意识到拼凑计划中存在的问题，并作出恰当改进，以提高团队资源拼凑质量。因此，个体导向变革型领导通过与员工建立亲密关系调动员工建言的积极性和能动性，使员工通过建言充分参与到团队资源拼凑的过程当中，提高团队资源拼凑活动的效率和质量。

第二，个体导向变革型领导通过制定奖惩措施，调动员工建言的主动性和创造性，进而使团队有动力和能力实施资源拼凑活动。团队资源拼凑更多体现在对资源的利用能力上，员工作为拼凑任务的执行主体，在参与拼凑的过程中，更容易发现问题，提出解决问题的创新性意见。从主动性看，变革型领导能够制定有效的奖惩措施，并依据员工的不同能力和表现调整员工薪酬、员工晋升和工作分配（Depret & Fiske，1993），这种行为会使员工的建言

积极性和主动性被调动起来或得到增强;反之,员工可能会由于潜在的风险而退缩(Detert & Burris,2007)。从创造性看,个体导向变革领导力能够激发员工的创新意识(Wang & Zhu,2011),鼓励员工进行创新思考,促进员工提出更有建设性的建言,使员工在面对不确定性环境和各种问题与障碍时,能够用创造性的方法解决问题,并通过建言的方式及时反馈给团队领导,使团队能够及时调整拼凑方案以增强团队的应急能力,促进团队资源拼凑活动的顺利开展。

结合上述观点,个体导向变革领导力通过员工建言会对资源的来源和运用产生更清晰的认知,以降低团队制定拼凑方案时在资源和时间上的浪费,提高团队拼凑效率,即使面对突发状况,也能够在员工建言的作用下及时发现并调整原有拼凑计划,并通过即兴发挥降低团队资源拼凑风险或增强创新性,以推动团队资源拼凑活动的开展。因此,本书认为员工建言在个体导向变革领导力与团队资源拼凑之间具有中介影响。

基于此,本书提出如下假设:

H8:员工建言在个体导向变革领导力与团队资源拼凑的关系之间起到中介作用。

八、团队认同在团队导向变革领导力和团队资源拼凑间中介影响的研究

研究发现,团队认同这一变量有助于解释团队行为和团队过程,并取得了一些成果(Ashforth & Mael,1989;Lee,2004;Korte,2007)。近年来,随着研究的不断深入,有些学者指出团队认同也可以当作中介变量考虑其对团队行为产生的影响(Wu et al.,2010;Wang & Howell,2012),且用于测量团队认同水平的指标(如信任、公平等)与聚焦于团队的变革领导力密切相关(Kark et al.,2003),因此本研究认为,团队认同在团队导向变革领导力与团队资源拼凑之间存在中介作用。

首先,团队导向变革领导力能够通过保证团队内部的公平性提升团队认同水平,高水平的团队认同还能够促进团队内部交流,使团队积累丰富的知识和经验,进而促进团队资源拼凑。团队导向变革型领导会将团队视为一个

第三章 变革领导力对团队资源拼凑影响的理论模型构建及假设提出

整体(张艳清等,2015),基于互惠理论,团队领导会以相同的标准和行为准则要求每一位团队成员(Wu et al.,2010),这种相同的方式可以保证团队内部的公平性,当团队成员感受到自己被公平对待时,会增强团队成员的自尊和自主性,进而对其所属团队产生强烈的团队认同感。团队认同感越高,团队成员间越有可能建立彼此信任的关系(Han & Harm,2010),这种成员间的亲密关系会促进他们进行信息交流,随着信息交流程度的加深,不仅会加强团队对现有资源的掌控程度,还会拓宽团队能够识别和利用的资源范围,进而对团队资源拼凑产生促进作用。

其次,团队导向变革领导力能够通过塑造共同愿景的方式使团队目标一致以促进团队认同,高水平团队认同能够减少团队冲突,促进团队合作,加快团队资源拼凑进程。团队导向变革领导力更关注对团队集体愿景的塑造,并通过鼓舞团队士气,鼓励团队成员追求集体愿景(Chen et al.,2007),使成员将团队目标视为自己的目标,进而促使成员产生更强的自我牺牲和合作的意识(李圭泉、刘海鑫,2014),愿意为了达成团队共同目标付出更多的努力(Van Knippenberg,2000;Glynn et al.,2010),加强成员对团队的认同感。同时,高水平的团队认同感会导致成员对其所属团队产生更高的承诺,消除不同成员间的偏见与误解(Van der Vegt & Bunderson,2005),增强成员间的理解和包容,减少团队合作过程中的阻碍,加快团队资源拼凑进程。

最后,团队导向变革领导力能够通过榜样影响促进团队认同,具有较高团队认同水平还会提升团队成员学习和知识共享的程度,促进团队创新,有利于开展团队资源拼凑活动。团队导向变革型领导会树立榜样模范供团队成员学习和模仿(Wu et al.,2010),不仅能够增强成员对团队的认知,还能够激发成员的集体荣誉感和使命感,加强成员的团队认同感。同时,高水平的团队认同感还会对团队成员知识共享和学习行为产生促进作用(Korte,2007),团队成员通过知识共享与学习不仅会塑造创新性思维,而且会在知识共享和学习过程中产生新方法和新创意,促使团队挖掘更多的资源用途,以更合理的方式对现有资源进行拼凑,提升团队对现有资源的利用效率。

基于此,本书提出如下假设:

H9:团队认同在团队导向变革领导力与团队资源拼凑的关系之间起到中

介作用。

九、团队激情对个体导向变革领导力与员工建言间关系调节作用的研究

每个企业内部都存在各种各样的问题，要想解决这些问题，不仅需要领导者自身的聪明才智，还需要多听取外来的声音，如员工建言。但是在现实中，企业经常会出现的现象是员工对发现的问题视而不见，或担心建言不被采纳或担心被领导疏远而不发表对需要改善问题的观点和看法。如何促使员工说出自己的真实想法或建议是每个领导都要重视的问题，团队激情作为一种强烈且积极的情绪，不仅能够激发领导者克服困难的决心（Baron，2008），当团队激情通过自上而下的方式传递给员工时，感受到这种激情的员工将会更有动力作出对团队乃至企业更有益的行为，员工也会更有胆量和信心提出建言。

虽然个体导向变革型领导通过与员工建立亲密的关系，为员工塑造了一个宽松、开放，且能够畅所欲言的环境，促使员工产生建言的心理冲动，但是员工在提出建言的过程中仍会有意识地考量建言过后产生消极影响的可能性（如嘲笑、疏远、报复等），并最终可能会导致临阵退缩这种现象的发生。由此可见，建言本质上是一种风险性行为（Detert & Edmondson，2006），员工主动性和自我效能感是建言的基本前提，团队激情能够通过促进员工主动性和信心的提升，加强个体导向变革领导力对员工建言的促进作用。

一方面，从提高员工主动性的角度看，团队激情能够加强员工的心理冲动，使员工敢于承担风险（Cardon et al.，2005），降低因惧怕风险而产生消极影响的概率。团队激情作为一种强烈的情感感知（George，1990），能够使每个成员都感受到一种积极的氛围，员工在这种氛围下，会产生一种更为强烈的建言动机，加快员工提出建言的进程。因此，可以把团队激情视为个体导向变革领导力推进员工建言进程中重要的动机性导向。另一方面，从增强员工自我效能感的角度看，社会认知理论认为，自我效能感能够对个体行为产生重要影响。研究发现，团队激情能够提高员工的自我效能感（Cardon et al.，2011），自我效能感是个体导向变革领导力促进员工建言的重要路径，个体导

第三章　变革领导力对团队资源拼凑影响的理论模型构建及假设提出

向变革领导力能够通过提高员工个体的自我效能感(Wu et al., 2010)，增强员工的信心和对领导的信任，促进员工建言行为。在团队激情的作用下，员工的自我效能感会得到增强(Cardon et al., 2011)，使员工产生更高的信心和信任，进而致使他们忽略风险，采取相较于平时而言更为兴奋的行动，如建言行为。在此种情绪的影响下，员工会更有胆量提出一些平时不会提出的问题或建议，而不会担心被嘲笑或被疏远。因此，团队激情能够加强个体导向变革领导力对员工建言的影响力。

此外，由于领导和员工都能够感受到这种团队激情氛围，在团队激情的作用下，聚焦于个体的变革型领导对员工的智力激发会更深入、更全面。同时，感受到团队激情的变革型领导还会以更热情和更积极的心态针对不同个体制定个性化激励方案，激发员工的工作热情。由于员工在团队激情的刺激下，能够产生更多的创新性行为，提高创造力(李宏利、郁巧玲, 2013)。因此，感受到团队激情的员工还会提升其创造性和主动性，提高员工进行建言的效率，不仅如此，员工还能够以更加灵活与开放的心态考虑问题，这种心态有利于员工以创造性思维寻找问题解决方案，提高员工建言的质量。综上所述，团队激情水平越高、氛围越热烈，能够被领导和员工感受到的积极情绪越强烈，个体导向变革领导力对员工的积极影响效果越明显，员工越有可能忽视负面影响而向领导提出更多的建言，加强了对员工建言的影响力。

基于此，本书提出如下假设：

H10：团队激情正向调节个体导向变革领导力与员工建言之间关系。

十、团队激情对团队导向变革领导力与团队认同间关系调节作用的研究

一方面，团队激情能够通过增强目标一致性和团队凝聚力，提升团队导向变革领导力对团队认同的影响力。团队激情能够增强团队凝聚力(Kozlowski & Bell, 2003)，使团队成员愿意为了实现团队目标付出更多努力(Glynn et al., 2010)，团队成员更倾向于采取团队协作的方式完成团队任务(Somech et al., 2009)，这种团结协作方式会使团队成员更容易对其所属团队产生认同感。同时，团队激情还会使团队成员对团队共同目标产生强烈认同

感，增强团队目标一致性，当变革型领导为团队设定某个目标时，高水平的团队激情会使团队成员更愿意通过共同完成任务或克服共同的困难的方式完成目标，在这个过程中，团队成员更容易感知到团队导向变革型领导塑造的共同愿景，并产生强烈认同。此外，当具有较高水平的团队激情时，团队导向变革型领导通过鼓舞士气的方式向团队成员传达的内在情绪动机会得到进一步加强(Chen et al., 2009)，在内在情绪增强时，团队成员会对团队目标有更高的认可度，并且会对其所属团队产生更高的满意度和情感承诺(Breugst et al., 2012)，增强团队凝聚力，进而使团队成员更容易对其所属团队产生认同感。

另一方面，团队激情还能够通过提升榜样影响力和促进团队共享，进而加强团队导向变革领导力对团队认同的影响。当团队激情较高时，团队导向变革型领导为团队成员塑造的榜样往往具有更强的感染力和说服力，因此也更容易获得团队成员的认同(周键等, 2017)。同时，团队导向变革型领导的共享属性在团队激情的作用下也会得到加强，使团队成员更愿意进行相互交流与沟通，并增加主动性，加快团队成员统一价值观的形成，使团队成员能够快速感知到自己和其他团队成员的相似性(Riketta & Van Dick, 2005)，进而推进团队成员对其团队身份的认同。即使在形成统一价值观的过程中遇到了某些风险或阻碍，团队成员在感受到团队激情氛围后，也能够以更高的激情和勇气克服困难，进而使成员对其所属团队的认同感更加强烈。

综上所述，在高水平的团队激情作用下，团队导向变革领导力能够调动团队成员的情感性动机，使其得到加强，变革型领导通过塑造集体愿景和树立榜样对团队成员产生的影响力变高，进而使团队成员更有动力和激情为了达成团队目标付出更多的努力，加强了团队导向变革型领导对团队认同的影响力。

基于此，本书提出如下假设：

H11：团队激情正向调节团队导向变革领导力与团队认同之间关系。

十一、团队知识治理能力对员工建言与团队资源拼凑间关系调节作用的研究

知识作为最具有战略意义的资源(Grant,1996),是创造性思维产生的源泉。但由于新企业所面临的环境不确定性,工作团队只有进行知识治理,才能有效协调不同资源进而提高团队对资源的利用效率(芮正云、罗瑾琏,2016),以摆脱"知识基础危机"(Foss et al.,2010)。由于知识的复杂性和差异性,直接利用知识要素容易造成认知失灵(Grandori,2001)。因此,团队有必要对知识资源进行有效治理以缓解上述危机。团队知识治理能力体现在团队知识治理的过程中(芮正云、罗瑾琏,2016),团队通过对知识活动进行有效治理,促进团队知识共享氛围的形成,使团队知识共享和传播成为可能(张生太等,2015),不仅能够保证团队创新性,还对企业成长具有重要作用(Kogut & Zander,1993;Conner & Prahalad,1996)。

虽然员工建言能够为团队带来更多的信息和知识来源,并通过员工提出的建设性意见为团队提供更多的拼凑思路,进而促进团队资源拼凑活动。但由于不同知识源之间的差异性、分散性和复杂性,导致不同知识源间协调的难度和成本增大,团队如果直接组合或利用这些资源更容易引起知识冲突,这种现象使团队难以直接拼凑、吸收和利用这些资源(Grandori,2001)。在企业实践中,员工每天会接触大量的信息,如何快速地从海量信息中提取出有用的信息是每位员工都需要面对的问题。

一方面,团队知识治理能力能够通过提高工作效率的方式加强员工建言对团队资源拼凑的影响力。团队通过特定的知识治理机制对不同知识源进行有效治理(芮正云、罗瑾琏,2016),简化员工知识处理的流程,提高员工知识处理效率。团队具备的知识治理能力越强,员工搜集和整合信息的流程越简化,进而提高员工信息处理效率,使员工能够以更快的速度发现拼凑方案中存在的问题或潜在的隐患(朱学春、陈万明,2014),并通过建言的方式及时对拼凑方案作出调整和优化,加强员工建言对团队资源拼凑影响的时效性。因此,知识治理能力能够从拼凑效率上,加强员工建言对团队资源拼凑的促进作用。

另一方面，团队知识治理能力还能够从提升员工能力的角度加强员工建言对团队资源拼凑的影响力。团队知识治理能力能够通过完善学习机制，为员工学习提供良好的环境，促进员工能力的提升，员工的能力越强，建言的质量越高，对团队资源拼凑产生的积极作用越明显。同时，团队的知识治理能力越强，其构建的员工建言机制越完善，员工提出建言得到反馈或采纳的效率越高。员工在对团队资源拼凑方案提出建言时，反馈或采纳效率的提升会加强员工的主动意识（段锦云、黄彩云，2014），激发员工以更高的积极性和主动性从事创新性活动（Bono & Judge，2005），建言在本质上就是一种创新性行为，并使员工愿意为了完善团队资源拼凑方案付出额外努力，进而提高团队资源拼凑的质量。因此，知识治理能力还能够从拼凑质量上，加强员工建言对团队资源拼凑的影响力。例如，在一个新企业工作团队中，团队知识治理能力越强，员工提出的意见越能够激发团队对产品的改善和创新性利用。员工对现有产品的改善意见，在建言机制的作用下会引起团队的注意，为团队提供创新思路，一旦被采纳，就会促进团队对该产品的改造或创新。

基于此，本书提出如下假设：

H12：团队知识治理能力正向调节员工建言与团队资源拼凑之间关系。

十二、团队知识治理能力对团队认同与团队资源拼凑间关系调节作用的研究

团队认同表现为一种团队成员间彼此共享的感知和对其团队成员身份与个人身份的高度同一性（Vegt & Bunderson，2005）。随着团队认同感的提高，团队成员会不断将团队目标内化为成员的自我目标（Cremer et al.，2008），从而使成员个体更加重视团队目标（Dukerich et al.，2002）。而对于有资源约束的新创企业而言，工作团队会将资源拼凑视为突破资源约束问题的关键途径（Senyard et al.，2010），因此资源拼凑成为整个团队乃至企业都需要完成的一项重要任务。随着团队认同感的不断提高，团队成员会将资源拼凑这一目标视为团队目标中非常重要的一部分。研究发现，只有进行知识治理，才能够实现创新活动的最佳效果（Grandori，2001），而团队资源拼凑也属于团队创新活动的一种。因此，本书认为，具有较高知识治理能力的团队，会加强团

第三章　变革领导力对团队资源拼凑影响的理论模型构建及假设提出

队认同对团队资源拼凑的正向影响。

一方面，团队知识治理能力能够通过增加团队共享程度，加强团队认同对团队资源拼凑的促进作用。团队知识治理能力体现在对团队知识共享氛围的塑造上(He & Wang, 2009)，团队知识治理能力越强，越有利于不同知识源在团队成员间流动和成员对知识的消化吸收，从而使成员对知识的理解和运用产生积极的反馈，这一特性促使具有团队认同感的成员更容易建立和发展知识共享的氛围(Vegt & Bunderson, 2005)，这种氛围有助于提高团队资源拼凑的效率。不但如此，高水平的团队认同感还能够提高团队成员间的信任水平，信任程度的加强会使成员间更容易达成合作与共享(Han & Harm, 2010)，提高团队知识共享的积极性，具有高度知识治理能力的团队会加强团队成员间的交流与合作，促进团队共享氛围的形成，为团队进行资源拼凑活动提供更全面的信息，提高团队认同对团队资源拼凑的影响力。

另一方面，团队知识治理能力还能够通过健全治理机制和优化治理流程的方式，提高团队认同对团队资源拼凑的影响力。研究发现，由于知识具有差异性和复杂性的特点，只有进行知识治理，才能使不同类型和层次的资源进行有效匹配(王雎，2009)，团队知识治理能力越强，团队与资源的匹配度越高，具有较强知识治理能力的团队，会建立更完善的知识治理机制，且团队成员进行知识活动的流程越优化，越有利于团队对知识活动进行有效管理，为团队创新提供良好的环境基础。同时，团队认同还能够促进团队内部创新氛围的形成(Desivilya et al., 2010)，具有较强知识治理能力的团队会加快这种创新氛围的形成，并对团队挖掘现有资源的新属性、创新资源组合方式产生积极影响，进而加强对团队创新活动(团队资源拼凑)的影响。

基于此，本书提出如下假设：

H13：团队知识治理能力正向调节团队认同与团队资源拼凑之间关系。

第四节 研究假设汇总

本研究提出的基本假设具体内容,如表 3.1 所示。

表 3.1 本研究假设汇总表

假设	假设内容
H1	个体导向变革领导力对团队资源拼凑具有正向影响
H2	团队导向变革领导力对团队资源拼凑具有正向影响
H3	个体导向变革领导力对员工建言具有正向影响
H4	员工心理安全正向调节个体导向变革领导力与员工建言之间关系
H5	员工建言对团队资源拼凑具有正向影响
H6	团队导向变革领导力对团队认同具有正向影响
H7	团队认同对团队资源拼凑具有正向影响
H8	员工建言在个体导向变革领导力与团队资源拼凑的关系之间起到中介作用
H9	团队认同在团队导向变革领导力与团队资源拼凑的关系之间起到中介作用
H10	团队激情正向调节个体导向变革领导力与员工建言之间关系
H11	团队激情正向调节团队导向变革领导力与团队认同之间关系
H12	团队知识治理能力正向调节员工建言与团队资源拼凑之间关系
H13	团队知识治理能力正向调节团队认同与团队资源拼凑之间关系

经过对本研究的研究假设进行汇总,结合前文提出的概念模型,给出了本研究所涉及的各变量之间的关系假设,形成了本研究的实证模型,如图 3.2 所示。

第三章 变革领导力对团队资源拼凑影响的理论模型构建及假设提出

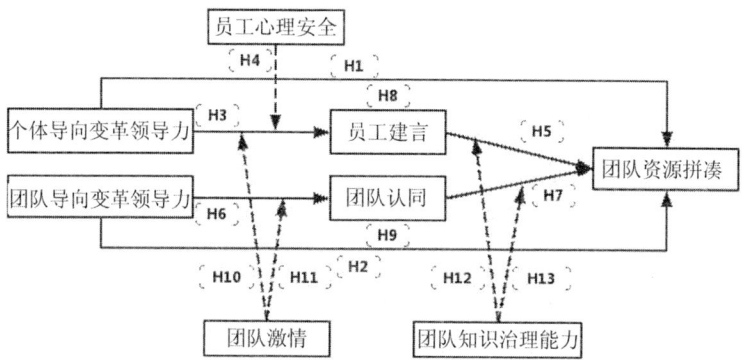

图 3.2 研究模型与假设

第四章 变革领导力对团队资源拼凑影响的研究方法设计

上一章提出了本书的理论模型和假设,为了对理论模型和研究假设进行进一步实证检验,本章将对各变量的量表进行甄选设计,在借鉴现有的成熟测量量表基础上,严格遵守调查问卷设计的基本原则,设计初始的调查问卷,并通过预调研的方式对初始问卷进行测试,根据企业员工和专业学者的建议对初始问卷的题项和内容进行适当的调整和补充,并形成最终的正式调查问卷。

第一节 研究设计

一、调研方法

问卷调查法作为管理学领域实证研究中使用最为广泛的方法,具有如下特征:第一,用问卷调查法收集数据比较方便、快捷且有效;第二,在量表的信度和效度较高的前提下,通过问卷调查的方式可以收集到较高质量的调研数据;第三,通过发放问卷的形式收集数据对于被调研企业和员工而言,有较高的认可度和支持度。基于此,本研究采取问卷调查法进行研究数据收集。

二、问卷设计

笔者对调查问卷进行设计时,基于问卷的设计原则和注意事项,本书的调查问卷设计遵循以下几个步骤:

第四章　变革领导力对团队资源拼凑影响的研究方法设计

(1) 回顾本书涉及的主要研究变量的相关文献，提出相关变量的初始测量量表。通过对变革领导力、员工建言、员工心理安全、团队认同、团队激情、团队知识治理能力和团队资源拼凑等相关文献进行阅读、归纳和分析，参考外国学者开发的成熟量表，结合本书对主要变量的界定，或修改或自行开发各主要变量的初始测量量表。

(2) 对初始测量量表进行题项甄选和修改。由于学者对变革领导力、员工建言、员工心理安全和团队认同的量表研究比较多，信度和效度也较好，因此本书直接采用的是国内外学者的成熟量表。针对团队激情、团队知识治理能力和团队资源拼凑的测量，目前国内的研究还相对匮乏，因此本书在借鉴国内外学者开发的相关量表的基础上，结合本书对主要变量的界定，或改进或自行开发了相关变量的量表题项。故此，本书需要通过小组讨论、预调研和因子分析等方式对初始量表的题项进行甄选，测量量表的信度和效度，并根据测试结果进行修改和完善，最终形成正式调查问卷。

(3) 正式调查问卷结构设计。调查问卷作为本研究进行定量分析的重要工具，笔者在对调查问卷的结构进行设计时参考了许正良(2004)和李怀祖(2004)的研究，最后形成了包含封面语、引导语、问卷正文和感谢语等部分的正式调查问卷(具体内容见附录)。首先，在封面语中，笔者将用一段简洁明了、通俗易懂的文字说明本次问卷调研的目的、主要调研内容、保密性承诺和对填写问卷人员的感谢。其次，在引导语部分，笔者将重点说明填写问卷的具体要求。再次，在问卷正文中，包括两方面内容，一方面是被调研者的相关背景问题，包括个人基本信息和所在企业的基本情况，这方面内容给出几个固定选项，被调研者选择与自身情况相符的选项进行回答；另一方面是主要测量问题，包括本研究中所有主要变量的测量题项，即个体导向变革领导力、团队导向变革领导力、员工建言、员工心理安全、团队认同、团队激情、团队知识治理能力和团队资源拼凑，这部分题项采用李克特7级评价量表，被调研者根据自身情况对其评分进行回答。同时，为了避免同源偏差，本书从团队成员和团队领导两个来源收集数据。因此，笔者将分别设计两份调查问卷，这两份调查问卷的结构设计相同，不同的是调查问卷的正文部分，由于调查对象分别为团队成员和团队领导，因此需要回答的问题各不相同，员工需要填写的问卷中包含个体导向变革领导力、团队导向变革领导力、员工建言、员工心理安全、团队认同和团队激情的测量量表，领导需要填写的问卷中包含团队知识治理能力和团队资源拼凑的测量量表。最后，在问卷正文之后设置了感谢语，笔者将对被调研者的感谢用简单真诚的文字表达出来。

第二节 初始量表设计

在本研究中，需要测量的研究量表包括个体导向变革领导力、团队导向变革领导力、员工建言、员工心理安全、团队认同、团队激情、团队知识治理能力、团队资源拼凑。在这八个主要变量中，个体导向变革领导力、团队导向变革领导力、员工建言、员工心理安全和团队认同的量表都比较成熟，因此笔者将依据本书的研究情境分别对各变量的成熟量表进行专业的英文翻译、回译和情境校验，以形成初始量表；对于团队激情、团队知识治理能力和团队资源拼凑，这三个变量由于没有适合本研究情境的规范量表，因此笔者根据本书需要，结合变量定义，按照以往学者提出的量表开发程序进行量表开发和检验(Churchill，1979)。

一、变革领导力量表设计

在本研究中，对变革领导力的研究是从个体层面和团队层面分别展开的。个体导向变革领导力更强调员工个体差异，针对的是每个员工的差异化领导；团队导向变革领导力是把团队视为一个整体，针对的是团队一致化领导。目前学者对个体和团队导向变革领导力的测量研究较少，现有实证研究使用的量表大多是在以往学者的研究基础上进行的改进(Bass et al.，2003；Kark & Shamir，2002；Wu et al.，2010；Wang et al.，2005；Wang & Howell，2010；Zhang et al.，2013 等等)。

巴斯(Bass，1985)在对变革领导力的概念进行详细界定后，开发了变革领导力的评价工具，即多要素领导问卷（Multifactors Leadership Questionnaire，MLQ)，随后，该问卷成了变革领导力相关研究学者应用最为

第四章　变革领导力对团队资源拼凑影响的研究方法设计

广泛的问卷,并为后续多层面变革领导力的测量研究奠定了基础。该问卷对变革领导力的测量是通过对其四个维度的测量实现的,包括理想化影响、鼓舞士气、智力激励和个性化关怀,每个维度用 4 个题项进行测量,该量表共形成了 16 个题项。理想化影响指领导者通过充当角色模型和道德榜样,使员工对其产生信任、崇拜和模仿行为;鼓舞士气指领导者能够制定、解释和传达一个具有说服力和影响力的未来愿景,并激励员工积极主动地改变组织现状来达成愿景;智力激励指领导者会致力于鼓励员工质疑组织既有价值观、惯例和假设,敢于挑战现状,勇于冒险,用创造性方法解决组织已有或新问题;个性化关怀指领导者充当教练或导师,聚焦每个人的优势和缺点,关注员工职业发展和成就。

有学者在巴斯(1985)的基础上对该问卷进行了层面划分,并认为智力激励和个性化关怀属于个体导向变革领导力的构成维度,而理想化影响和鼓舞士气属于团队导向变革领导力的构成维度(Kark & Shamir, 2002)。随后,其他相关学者对这种维度划分方式进行了测量(Schriesheim et al., 2009),结果证实了个体层面和团队导向变革领导力两个子量表的信度和效度,说明学者(Kark & Shamir, 2002)对变革领导力维度的层面划分具有可行性。此外,Wu 等(2010)对个体层面和团队导向变革领导力的测量量表是建立在 Bass 和 Avolio(1995)的基础上,其维度划分和测量结果与以往学者的研究成果具有极大的相似性,因此也得到了相似的结论。这两者最大的差异体现在团队导向变革领导力的维度构成和测量上,Wu 等(2010)认为理想化影响可以体现为两个方面,即行为和归属,因此他们把团队导向变革领导力的维度划分成 3 个,即行为的理想化影响、归属的理想化影响和鼓舞士气,每个维度用 4 个题项进行测量,团队导向变革领导力量表共形成了 12 个题项。个体导向变革领导力具有 2 个维度,即智力激励和个性化关怀,每个维度用 4 个题项进行测量,因此个体导向变革领导力量表共形成了 8 个题项。

除上述维度划分方式外,波德萨科夫(Podsakoff, 1990)提出的变革领导力六维度构想在学术界也得到了普遍认同,他们认为变革领导力的六个维度包括榜样影响、高绩效期望、阐明愿景、鼓舞士气、智力激励和个性化关怀。Wang 等(2005)在 Podsakoff 等(1990)的研究基础上,认为榜样影响、高绩效期望和阐明愿景这三个维度属于团队层面的构念，在问卷上测量对象是整个团队。随后有学者在原有研究基础上，重新开发了一套完整的双层面变革领导力量表并进行了验证(Wang & Howell，2010)，他们认为个体导向变革领导力应该包括 4 个维度，即高绩效期望、个体发展、智力激励和个人认同，其中前两个维度分别用 5 个题项进行测量，后两个维度分别用 4 个题项进行测量，因此个体导向变革领导力量表共形成了 18 个题项；团队导向变革领导力包括三个维度，即阐明愿景、团队建设和团队认同，其中第一个维度用 6 个题项进行测量，后两个维度分别用 5 个题项进行测量，因此团队导向变革领导力量表共形成了 16 个题项。此外，Zhang 等(2013)提出个体导向变革领导力应该包含两个维度，即智力激励和个性化关怀，共设计了 8 个题项进行测量；团队导向变革领导力则包含 4 个维度，即高绩效期望、团队合作、阐明愿景和榜样影响，并设计了 15 个题项进行测量。随后，国内学者李圭泉、刘海鑫(2014)通过实证研究证实了 Zhang 等(2013)提出的关于个体导向变革领导力的二维度划分和团队导向变革领导力的四维度划分方法。另外，国内学者蔡亚华等(2013)在 Podsakoff 等(1990)的研究基础上，对团队导向变革领导力的维度划分提出了新的见解，他们认为团队导向变革领导力应该包括三个维度，即角色模范、高绩效期望和阐明愿景，其中前两个维度用 3 个题项进行测量，最后一个维度用 5 个题项进行测量；个体导向变革领导力的维度划分同 Wu 等(2010)的划分方式一致。

在本研究中，笔者采用 Wu 等(2010)对变革领导力维度的划分方式和测量问项设置，将变革领导力分为个体导向和团队导向。其中，个体导向变革领导力包括智力激励和个性化关怀 2 个维度，团队导向变革领导力包括行为的理想化影响、归属的理想化影响和鼓舞士气 3 个维度。通过对该量表进行专业英文翻译和回译，并经过情境校验和修改后形成了本研究所使用的最初量表，其中每个维度都用 4 个题项进行测量，并最终形成了个体导向变革领导力量表的 8 个题项，具体题项内容见表 4.1。团队导向变革领导力量表的 12 个题项，具体题项内容见表 4.2。

第四章 变革领导力对团队资源拼凑影响的研究方法设计

表 4.1　个体导向变革领导力变量初始量表

1、个性化关怀：individualized consideration(IC)	完全不符合　　　　完全符合
101. 领导能够耐心教导员工，为员工答疑解惑	1　2　3　4　5　6　7
102. 领导会考虑员工其他方面的需求和其具备的能力	1　2　3　4　5　6　7
103. 领导能够帮助员工发挥自己的特长	1　2　3　4　5　6　7
104. 领导能够看出员工与众不同的志向	1　2　3　4　5　6　7
2、智力刺激：intellectual stimulation(IS)	完全不符合　　　　完全符合
201. 领导会重新检查做事的方法以确定是否达到标准	1　2　3　4　5　6　7
202. 领导能够从不同的角度看问题	1　2　3　4　5　6　7
203. 领导会从不同角度寻求解决问题的办法	1　2　3　4　5　6　7
204. 领导会建议采用新的方法完成任务	1　2　3　4　5　6　7

表 4.2　团队导向变革领导力变量初始量表

3、理想化影响：attributive idealized influence(IIA)	完全不符合　　　　完全符合
301. 领导灌输以跟随领导的步伐为自豪的观念	1　2　3　4　5　6　7
302. 领导会为了团队利益，不计较个人得失	1　2　3　4　5　6　7
303. 领导能够用某种方式建立起对员工的尊重	1　2　3　4　5　6　7
304. 领导会显示一种力量感和信心	1　2　3　4　5　6　7
4、行为化影响：behavioral idealized influence(IIB)	完全不符合　　　　完全符合
401. 领导谈论自身的价值观和信仰	1　2　3　4　5　6　7
402. 领导强调强烈使命感的重要性	1　2　3　4　5　6　7
403. 领导决策时会考虑伦理道德方面的影响	1　2　3　4　5　6　7
404. 领导强调集体使命感的重要性	1　2　3　4　5　6　7
5、鼓舞士气：inspirational motivation(IM)	完全不符合　　　　完全符合
501. 领导会热衷于探讨需要达成什么目标	1　2　3　4　5　6　7
502. 领导向大家描绘了一个令人向往的未来	1　2　3　4　5　6　7
503. 领导向大家表达达成目标的信心	1　2　3　4　5　6　7
504. 领导能够乐观地谈论未来	1　2　3　4　5　6　7

二、员工建言量表设计

有关员工建言的研究最早追溯到赫希曼(Hirschman,1970),他认为员工在面对组织衰退时可能会通过建言(voice)的方式表达对管理者的不满。随后,有学者发现员工还能够通过提出创新性意见或改善建言来提高组织效能(LePine & Van Dyne, 2001)。目前关于员工建言的测量量表大都是在以往学者编制的测量题项量表的基础上(Van Dyne & LePine, 1998; Liang & Farth, 2008),根据不同的研究对象和研究情境进行的修订。

由于有的测量题项量表对员工建言的目标对象没有明确界定,而是用"其他人"暂代,因此 Liu 等(2010)在测量员工建言时,根据其研究对象,将测量题项量表中的"其他人"改成了"他的主管",进一步明确其建言目标,并通过员工自我报告和同事报告两种方式进行测量。此外,有学者编制了 10 个题项用于测量学生向老师的建言(Sanders, 1984; Doll & Torkzdeh, 1988)。还有学者在验证社会认同与建言行为关系的过程中,在测量建言行为时开发了一个新的量表,该量表包含 5 个题项,是通过同事评级的方式进行测量(Premeaux & Bedeian, 2003)。

然而,回顾以往研究可以发现,学者认为员工建言是一个由多维度构成的复杂变量(Van Dyne et al., 2003; Liang et al., 2012)。学者认为从建言动机上看,员工建言可以分为三种类型,即亲社会型、防御型和默认型,其中亲社会型建言是以合作为动机提出的工作相关观点;防御型建言是以自我保护为动机提出的看法;默认型建言是基于顺从的被动行为(Van Dyne et al., 2003)。有学者认为从建言对象上看,建言行为包括对上级的建言和对同事的建言两种(Withey & Cooper, 1989)。还有学者认为从建言内容上看,建言行为应该分成促进性建言和抑制性建言两种(Liang & Farh, 2008),这种划分方式正是应用最为广泛的,学者认为,促进性建言是指员工为了提高团队或组织效率提出的建议;抑制性建言是指员工大胆提出组织运行过程中的问题。他们构建了测量员工建言的 11 个题项,其中用 5 个题项测量促进性检验,用 6 个题项测量抑制性建言。此外,Liang 等(2012)在以往学者的研究基础上,基于中国文化背景开发出了一个适用于中国情境的员工建言测量量表,该量表共包含 10 个测量题项，促进性建言和抑制性建言分别用 5 个题项进行测量。

在本研究中，笔者将员工建言界定为以改善现状为目的而提出关于组织改进的建设性意见，是员工做出的自发性努力行为，这种行为不仅能够完善团队决策，还能够提高工作团队效能。因此，本书采用的是以往学者（Van Dyne & LePine，1998）编制的员工建言量表，该量表共包含 6 个题项，经过专业的英文翻译和回译后形成了本研究所使用的初始量表，见表 4.3。

表 4.3　员工建言变量初始量表

6. 员工建言：employee voice（EV）	完全不符合　　　完全符合
601. 我会积极关注影响工作团队的问题并提出建议	1　2　3　4　5　6　7
602. 我会提出影响团队运作管理的问题，并鼓励其他人积极参与解决	1　2　3　4　5　6　7
603. 即使有不同观点或有人反对，我仍会提出工作中出现的问题并积极与其他人交流	1　2　3　4　5　6　7
604. 我会主动了解对工作团队有益的事宜	1　2　3　4　5　6　7
605. 我会提出建设性意见帮助工作团队提高工作质量	1　2　3　4　5　6　7
606. 我会就工作团队的新项目积极主动地提出建议	1　2　3　4　5　6　7

三、员工心理安全量表设计

根据心理安全概念的不同层面界定，学者编制的心理安全的测量量表也体现为个体、团队和组织三个层面。研究个体层面心理安全测量量表的学者主要有：梅等（May et al.，2004）、德特尔特和贝尔雷斯（Detert & Burris，2007）、Liang 等（2012）等。在个体层面，学者对心理安全的维度主要有两种划分方式，即单维结构和二维结构。其中，单维结构的量表大多是学者在经典量表的基础上进行的改编，使用比较广泛的主要有以下几种：May 等（2004）在 Kahn（1990）的基础上选取了 3 个题项用于测量个体心理安全；Detert & Burris（2007）在 Edmondson（1999）的量表中选取了 3 个题项，经过改编用于员工个体的心理安全感量表测量；Liang 等（2012）从 Brown & Leigh

(1996)的量表中选取了5个题项用于测量员工个体心理安全。研究二维结构的量表的代表性学者是Tynan(2005)，他认为心理安全可以分为自我心理安全和他人心理安全两个维度，并共开发了12个题项用于测量这两个维度，其中，自我心理安全用7个题项测量，他人心理安全用5个题项测量。

研究团队层面心理安全测量量表的学者主要有：Edmondson(1999)、内姆布哈德和埃德蒙森(Nembhard & Edmondson, 2006)、吴志平、陈福添(2011)等。在团队层面，学者对心理安全的维度主要有两种划分方式，即单维结构和四维结构。在单维结构中，最经典也是应用最广泛的团队心理安全量表是Edmondson(1999)开发的，该量表共包含7个题项，由于有较好的信度和效度，因此被众多学者认可并使用。此外，还有许多学者在Edmondson(1999)量表的基础上选取几个题项或改编某些题项用于测量团队心理安全，比如，Nembhard & Edmondson(2006)改编的量表包括4个题项，皮尔索尔等(Pearsall et al., 2011)改编的量表包括7个题项等。研究四维结构的是我国学者吴志平、陈福添(2011)，他们认为在中国文化情境下，团队心理安全应该分为直抒己见、互敬互重、人际冒险和彼此信任四个维度，并开发了16个题项用于测量这四个维度，每个维度用4个题项进行测量。

研究组织层面心理安全测量量表的学者主要有：Brown & Leigh(1996)、贝尔和费雷瑟(Baer & Frese, 2003)等。在组织层面，学者对心理安全的维度主要有两种划分方式，即单维结构和三维结构。其中，研究单维结构的学者对组织心理安全的测量是在Edmondson(1999)量表的基础上改编的，通过将题项里的"团队"直接替换成"组织"，改编后的量表经过检测发现具有较好的信度。研究三维结构的学者是Brown & Leigh(1996)，他们认为组织心理安全可以分为三个维度，即支持性管理、角色定位和自我表达，并开发了12个题项用于测量这三个维度，其中支持性管理用5个题项测量，角色定位用3个题项测量，自我表达用4个题项测量。

在本研究中，笔者主要关注的是员工个体对工作环境中的心理安全感知，参考Kahn(1990)对心理安全的界定，笔者将员工心理安全定义为员工在工作环境中对人际交往风险的主观感知，个体认为能够自由地表达真实情绪，而不会担心这种行为产生的消极影响。因此，本研究采用了Liang等(2012)开发的员工心理安全量表，该量表共包含 5 个题项，见表 4.4。

表 4.4　员工心理安全变量初始量表

7. 员工心理安全：psychological safety(PS)	完全不符合　　　完全符合
701. 我在工作中表达的看法都是自己的真实感受	1　2　3　4　5　6　7
702. 在工作中，当我有不同意见时，不会遭到故意刁难	1　2　3　4　5　6　7
703. 在工作中表达真实想法是受欢迎的	1　2　3　4　5　6　7
704. 在工作中，我可以大胆自由地表达自己的想法	1　2　3　4　5　6　7
705. 我并不担心在工作中表达真实想法会对自己不利	1　2　3　4　5　6　7

四、团队认同量表设计

从现有研究看，虽然国外学者对团队认同的测量工具已较为丰富，但还未形成统一的测量标准(Han & Harms，2010)，对团队认同的维度划分也未达成一致，目前学者认为团队认同主要有四种划分方式，即单维结构、二维结构、三维结构和四维结构，其中应用最为广泛的是单维结构和三维结构。

研究单维结构的学者主要有 Mael & Ashforth(1992)、Doosje 等(1995)、Van Der Vegt & Bunderson(2005)等。Mael 和 Ashforth(1992)用 6 个题项对组织认同进行测量，该量表的测量内容涉及更多的是个体对组织的情感方面。该量表由于信度和效度较好，因此得到了众多学者的认可和使用。此外，还有 Doosje & Ellemers(1995)开发的群体认同量表，用 3 个题项进行测量；Van Der Vegt & Bunderson(2005)开发的团队认同量表，该量表包含 4 个题项，且由于该量表比较简洁明了，因此受到许多学者青睐；切尼(Cheney，1982)开发的组织认同量表，包含 25 个题项，该量表分别从成员感、忠诚和相似性上测量了认同的情感维度。研究二维结构的学者主要有罗梭(Rousseau，1998)、斯米茨(Smidts，2001)、梅尔等(Mael & Tetrick，1992)等。Rousseau(1998)和 Smidts(2001)将组织认同分成两个维度，即认知维度和情感维度。Mael & Tetrick(1992)认为团队认同包含共享经验和共享特征两个维度，并开发了 10 个题项对这两个维度进行测量。

研究三维结构的学者主要有 Tajfer(1981)、Henry 等(1999)、Ellemers

等(1999)、Dimmock(2005)等。其中应用最为广泛的是 Tajfer(1981)提出的三维结构。Tajfer(1981)认为团队认同可以分成三个维度,即认知、评价和情感。其中,认知维度是指个体能够感知到自己归属的特定团队;评价维度是指个体对其归属的特定团队的价值内涵描述;情感维度是指个体与其归属的特定团队之间的感情维系。然而不同学者对团队认同有不同的划分方式,比如,Ellemers 等(1999)认为团队认同可以划分为自我分类、团队自尊和团队承诺三个维度,并开发了10个题项对这三个维度进行测量;Henry 等(1999)把团队认同分成认知、情感和行为三个维度,并设计了12个题项用于测量;Dimmock 等(2005)把认知和情感看成是一个维度,即认知-情感认同,并认为团队认同的三个维度包括认知-情感认同、个人评价认同和他人评价认同,共设计了15个题项用于测量。此外,还有国内学者王彦斌(2004)提出的组织认同三维度划分,即生存性、归属性和成功性。

研究四维结构的学者主要有 Jackson(2002)、Dick(2004)和郭静静(2007)。Jackson(2002)在 Tajfer(1981)提出的三维结构基础上,加入了第四个维度,即共命运(common fate)。随后,Dick(2004)对共命运进行了重新解读,他认为这一维度应被称为行为维度,由此形成了团队认同的四维结构,即认知、情感、评价和行为,并根据这四个维度开发了包括事业、团队、组织、职业认同在内的四个层面的认同测量量表,共包含 30 个题项。此外,国内学者郭静静(2007)在 Dick(2004)的基础上提出了组织认同的四维结构,即积极评价、情感归属、认知和自主行为。

在本研究中,笔者使用的是团队认同的单维结构。根据以往学者开发的团队认同测量量表(Van Der Vegt & Bunderson, 2005),经过专业英文翻译和回译,最终形成了本研究所使用的团队认同初始量表,见表 4.5。

表 4.5 团队认同变量初始量表

8. 团队认同:team identification (TI)	完全不符合　　　　完全符合
801. 感觉情感上依附于自己的团队	1　2　3　4　5　6　7
802. 有一种很强的团队归属感	1　2　3　4　5　6　7
803. 觉得团队的问题就是自己的问题	1　2　3　4　5　6　7
804. 感觉自己就是团队大家庭中的一员	1　2　3　4　5　6　7

五、团队激情量表设计

现有关于激情的研究大多局限于个体层面,因此对激情的测量也主要集中在个体层面。在本研究中,笔者更关注的是团队成员在工作中表现出的激情感知。因此,我们主要关注现有研究对工作激情的测量量表。研究发现,对工作激情的测量主要体现在三个方面,即激情的二元模型、员工工作激情和企业家工作激情。首先,作为目前应用最为广泛的激情二元模型(Vallerand 等,2003),维勒兰德等(Vallerand et al.,2003)认为工作激情包含和谐式工作激情和强迫式工作激情两个维度,学者对这两个维度的测量大多采用的是 Vallerand 等(2003)开发的工作激情量表,该量表共有 19 个题项,包含两个部分:一部分是对工作激情标准的测量,其目的是识别个体是否具备工作激情,共包括 5 个题项;另一部分是对工作激情的两个维度进行测量,分别用 7 个题项对和谐式工作激情和强迫式工作激情进行测量,共包括 14 个题项。因为该量表具有较好的信度和效度,因此得到了众多学者的使用(Forest et al.,2011;Liu et al.,2011;Vallerand,2012)。

其次,员工工作激情的概念模型是由 Zigarmi 等(2009)提出的,并认为员工工作激情可以用四个潜变量进行解释,包括工作认知、工作感情、工作幸福感和工作意愿。其中,工作认知通过 Nimon 等(2011)开发的工作认知量表进行测量,该量表共包含 40 个题项,分成 8 个维度,每个维度用 5 个题项进行测量;工作感情通过 Waston 等(1988)开发的积极消极感情量表进行测量,共包含 10 个题项;工作幸福感通过 Schaufeli 等(2006)开发的工作投入量表进行测量,该量表共包括 9 个题项,分成 3 个维度,每个维度用 3 题项进行测量;工作意愿通过 Zigarmi 等(2009)在众多工作意愿量表中选择的 3 个使用最频繁的题项进行测量。

最后,企业家工作激情又可称为"创业激情",学者对创业激情的维度划分有四种方式。第一,Chen 等(2009)从感知激情的视角,认为创业激情可以分为两个维度,即情感激情和认知激情,并分别从情感和认知的角度开发了测量创业激情的量表,该量表共包含 11 个题项,用 6 个题项测量情感激情,5 个题项测量认知激情。第二,贾米尔等(Jamil et al.,2014)延续了 Vallerand

等(2003)的分类方式，将创业激情分成同样的两个维度，即和谐式创业激情和强迫式创业激情，并在对其进行测量时，同样采取 Vallerand & Houlfort (2003)的测量量表，每个维度各删除了一个无法体现创业激情特征的题项，最终形成了 12 个题项的测量量表，每个维度各用 6 个题项进行测量。第三，卡登等(Cardon, 2009)根据创业者身份不同将创业激情分为三个维度，即创建激情、发展激情和发明激情。随后，Cardon 等(2013)开发了测量这三个维度的量表，该量表共包含 10 个题项，其中创建激情和发展激情分别用 3 个题项进行测量，发明激情用 4 个题项进行测量。第四，Cardon 等(2013)还提出创业激情可以分为两个维度，即非常积极的情绪和身份认同，采用 Cardon 等(2013)开发的量表对这两个维度进行测量，该量表共包含 13 个题项，其中 10 个题项用于测量非常积极的情绪，3 个题项用于测量身份认同。

综上可知，现有对激情的研究更多聚焦于个体层面，并未有针对团队层面激情的测量研究。在本研究中，笔者将团队激情界定为团队成员对团队任务所表现出的积极情绪，经过团队成员之间相互作用得到了加强，使团队整体表现出一种更为强烈的正面情绪氛围。但由于没有成熟量表可以参考，因此笔者将借鉴 Vallerand & Houlfort(2003)开发的工作激情量表，并结合本书对团队激情的定义，最终形成了团队激情的初始量表，该量表共包含 6 个题项，见表 4.6。

表 4.6　团队激情变量初始量表

9. 团队激情：team passion(TP)	完全不符合　　　　完全符合
901. 作为团队成员，我可以在团队工作中经历各种各样的体验	1　2　3　4　5　6　7
902. 我对团队工作中发现的新事物更有兴趣	1　2　3　4　5　6　7
903. 我的个人优势可以在团队中得到体现	1　2　3　4　5　6　7
904. 团队激情总会影响我的工作状态	1　2　3　4　5　6　7
905. 我的情绪好坏取决于团队工作是否顺利	1　2　3　4　5　6　7
906. 我总以更积极的工作状态感染其他团队成员，进而提高团队工作效率	1　2　3　4　5　6　7

六、团队知识治理能力量表设计

研究发现,知识治理能力体现在企业对知识获取、分享、转化等知识活动的治理过程中(芮正云、罗瑾琏,2016)。因此,学者对知识治理能力的测量更多借鉴知识治理的测量量表,并在此基础上结合研究情境开发而成。现有研究对知识治理的测量主要表现为两个方面,一方面是研究不同知识治理机制的测量量表,另一方面是基于知识治理过程的测量。首先,针对知识治理机制,不同学者对知识治理机制有不同划分方式。比如,Foss 等(2010)认为知识治理机制有两个维度,即正式知识治理和非正式知识治理,这种维度划分方法也是目前应用最为广泛的。随后,Cao & Xiang(2012)借鉴罗森等(Lawson,2009)关于正式和非正式社会化机制量表的研究思路,开发出测量知识治理的量表,该量表共包含 8 个题项,分别用 4 个题项测量正式知识治理和非正式知识治理,由于该量表信度和效度较好,因此受到了众多学者的认可和使用。此外,国内学者曹勇、向阳(2014)还从员工认知的视角开发了知识治理的测量量表,该量表共包含 8 个题项,分别用 4 个题项测量正式知识治理和非正式知识治理。国内学者肖云(2015)将知识治理机制分成了结构化知识治理、过程化知识治理和关联化知识治理三种类型,并开发出了相应的测量量表,该量表共 15 个题项,其中,前两个维度用 4 个题项进行测量,最后一个维度用 7 个题项进行测量。其次,国内学者王帅英(2011)基于知识治理过程的视角,把知识治理机制分成知识共享和知识占有两个维度,前者能够提高知识活动效率,后者能够降低知识活动风险,并以此开发了相应的测量量表,该量表共有 12 个题项,分别用 6 个题项测量知识共享和知识占有。

对于知识治理能力的测量,芮正云、罗瑾琏(2016)在借鉴曹勇、向阳(2014)从员工认知视角开发的知识治理量表基础上,开发了一个新的测量知识治理能力量表,该量表共包含 4 个题项。在本研究中,作者将知识治理能力界定为团队层面,认为知识治理能力是指团队在整合内、外部知识资源的基础上,通过适当的治理机制规范知识活动,优化知识治理流程,并塑造团队知识共享氛围的能力。因此,笔者根据团队知识治理能力的概念界定,借鉴芮正云、罗瑾琏(2016)、曹勇、向阳(2014)、Lawson 等(2009)的相关研究，结合本研究的团队层面视角，经过筛选和补充，并对量表的叙述做了较大改动，最终形成了团队知识治理能力的初始量表，该量表共包含 6 个题项，见表 4.7。

表 4.7 团队知识治理能力变量初始量表

10. 团队知识治理能力 (temporal knavledge graph completion，TKGC)	完全不符合　　　完全符合
1001. 团队对所有成员是公平和公正的	1　2　3　4　5　6　7
1002. 团队能够为传递和共享知识的成员提供晋升的机会	1　2　3　4　5　6　7
1003. 工作中，团队成员经常以团队的形式完成任务	1　2　3　4　5　6　7
1004. 团队能鼓励其成员与其他部门合作完成任务	1　2　3　4　5　6　7
1005. 团队能根据团队成员的知识共享程度进行合理的激励	1　2　3　4　5　6　7
1006. 团队具有良好的沟通分享的文化氛围	1　2　3　4　5　6　7

七、团队资源拼凑量表设计

资源拼凑作为解决企业资源约束的重要手段，对企业生存和发展尤为重要。然而，资源拼凑的早期研究方式大多由理论探讨、案例研究和田野调查构成，对资源拼凑的定量分析还很少。学者对资源拼凑的实证研究大多采用 Senyard 等(2009)开发的量表，他们通过对 594 家新创企业和 514 家已建立企业进行数据对比分析，开发出完整的创业拼凑量表，该量表共包括 8 个题项，且由于具有较好的信度和效度，因此得到了众多学者的认可和使用。Senyard 等(2009)开发的量表对后续学者开发符合其研究情境的资源拼凑量表具有重要的参考意义，为国内学者开发适用于中国情境的资源拼凑量表提供了研究基础。比如，国内学者赵兴庐等(2016)从能力构建的视角把资源拼凑分成三种方式，即要素拼凑、客户拼凑和制度拼凑，并在参考 Baker & Nelson(2005)对资源拼凑的概念界定和其他学者(Rönkkö et al.，2013)开发的量表基础上进行修改，最终形成了包括 11 个题项的资源拼凑量表，其中，3 个题项用于测量要素拼凑，客户拼凑和制度拼凑分别用 4 个题项进行测量。

综合现有研究可以发现，学者对资源拼凑的研究更关注组织层面及创业

第四章 变革领导力对团队资源拼凑影响的研究方法设计

者个人层面,并未有针对团队层面的资源拼凑测量研究。在本研究中,团队资源拼凑是指通过整合团队现有资源,结合全体团队成员的经验和创新意见,根据资源的不同特性对现有资源进行创造性利用和重组以解决团队面临的具体问题,体现为团队整体对现有资源的拼凑能力。因此,笔者将根据对团队资源拼凑的概念界定,借鉴 Senyard 等(2009)开发的资源拼凑量表,最终形成了团队资源拼凑的初始量表,该量表共包含8个题项,见表4.8。

表4.8 团队资源拼凑变量初始量表

11. 团队资源拼凑:team resource bricolage(TRB)	完全不符合　　完全符合
1101. 团队有信心能利用现有资源找到可行的解决方案以应对新挑战	1　2　3　4　5　6　7
1102. 团队愿意利用现有资源应对更多的挑战	1　2　3　4　5　6　7
1103. 团队善用任何现有资源以应对团队工作中出现的新问题或机会	1　2　3　4　5　6　7
1104. 团队通过整合现有资源与获得的廉价资源以应对新挑战	1　2　3　4　5　6　7
1105. 面对新的问题或机会时,团队能找到可行的解决方案并采取行动	1　2　3　4　5　6　7
1106. 通过整合团队现有资源,团队能够成功应对任何新的挑战	1　2　3　4　5　6　7
1107. 面对新挑战,团队能够组合现有资源使之形成可行的解决方案	1　2　3　4　5　6　7
1108. 团队通过整合原本并未计划应用的资源以成功应对新的挑战	1　2　3　4　5　6　7

八、控制变量的选择

本研究选择了企业规模、企业年龄、员工受教育程度和领导工作年限作为控制变量。其中,企业规模用企业员工人数来衡量,企业年龄用企业成立年限来衡量。企业规模和企业年龄上的差异会导致企业具备资源数量和质量上的差异,资源差异对企业是否选择拼凑或选择哪种方式拼凑尤为重要,因此我们选择企业规模和企业成立年限作为控制变量。员工受教育程度差异会导致员工的知识储备差异，领导的工作年限会影响领导的思维方式和领导能力，因此本研究采取员工受教育程度和领导工作年限作为控制变量。

第三节 量表问项甄选

在对本研究中涉及的各主要变量初步量表设计完成之后，构成了包含55个测量题项的综合量表。由于初始量表中包含笔者在已有量表的基础上进行改进而形成的量表问项，因此本书将通过小组讨论和预调研等方式对初始量表进行改进和甄选，并对每个变量测量量表的信度和效度分别进行检验，以确定最终正式量表。

首先，笔者通过小组讨论的形式对初始量表的具体内容进行研讨，修正有争议的题项。本次研讨小组共邀请了4名有经济技术及管理专业背景的研究生参与(包括2名博士研究生和2名硕士研究生)，在讨论过程中，笔者组织小组成员对全部量表进行逐一校准。由于本研究所涉及的量表大都是在英文量表的基础上进行翻译或改进的，因此需要对初始中文量表进行英文回译，并调整有明显差异或解读有误的题项。

其次，检验量表的内容效度。笔者通过专家判断法对初始量表进行内容效度检验。笔者将小组讨论后定稿的量表先后发送给本领域的2位教授和一家从事轨道列车零部件的新创企业的研发团队，该研发团队包括1名团队领导和6名员工。通过向他们介绍本研究变量的概念界定和研究目的，并详细讲解量表的具体测量内容，使他们对所测量的内容有初步了解，随后，请他们针对量表内容进行评价，从易读性、是否有歧义等方面逐一分析，对存在争议的题项进行讨论直至达成一致观点，经过小范围修改，确定量表内容。

最后，进行预调研。在正式调研之前，笔者先进行了预调研，初步检验量表的信度和效度。通过对吉林省长春市的新创企业进行随机抽样调查，调查对象为工作团队，按照领导与员工比为1∶2发放调查问卷，领导回答问卷中的团队知识治理能力和团队资源拼凑相关题项，员工回答问卷中的变革领导力、员工建言、员工心理安全、团队认同、团队激情和团队知识治理能力

第四章 变革领导力对团队资源拼凑影响的研究方法设计

相关题项。本次预调研共发放问卷 100 套，回收问卷 86 套，有效问卷 71 套。经过整理，最终形成有效问卷为 142 份，有效回收率为 71%。

笔者采取探索性因子分析的方法对预调研数据进行检测，检验量表的信度和效度。在进行探索性因子分析之前，需要先对预调研数据进行 KMO 值和 Bartlett 球形检验，用于判断各变量是否适合进行因子分析。KMO 值具有五个标准，当 KMO 值大于 0.9 时，表明非常适合做因子分析，当 KMO 值在 0.8－0.9 之间时，表明适合做因子分析，当 KMO 值在 0.7－0.8 之间时，表明比较适合做因子分析，当 KMO 值在 0.6－0.7 之间时，表明勉强适合做因子分析，当 KMO 值在 0.5－0.6 之间时，表明不太适合做因子分析，当 KMO 值在小于 0.5 时，表明完全不适合做因子分析（吴明隆，2010）。

在本研究中，作者采用 SPSS17.0 软件对预调研数据进行 KMO 值和 Bartlett 球形检验，结果如表 4.9 所示，样本的 KMO 值为 0.762，数值介于 0.7－0.8 之间，且显著性水平小于 0.000，表明本研究所采用的量表比较适合做探索性因子分析。

表 4.9 KMO 值和 Bartlett 球形检验

取样足够度的 Kaiser-Meyer-Olkin 度量		0.762
Bartlett 的球形度检验	近似卡方	5 993.704
	df	1 485
	Sig.	0.000

本研究采用方差最大法旋转对测量量表进行探索性因子分析，结果见表 4.10，从表中可以看出，一共析出 11 个共同因子，这 11 个因子分别包括个性化关怀、智力刺激、理想化影响、行为化影响、鼓舞士气、员工建言、员工心理安全、团队认同、团队激情、团队知识治理能力和团队资源拼凑，其中个性化关怀和智力激励共同构成了个体导向变革领导力的二维结构模型，理想化影响、行为化影响和鼓舞士气共同构成了团队导向变革领导力的三维结构模型。且析出的 11 个共同因子累积解释方差高达 74.198%，因此说明本研究所用量表具有很好的解释能力。本研究的所有题项均按照理论假设落在

相应的构念下，且因子载荷系数均高于 0.6，同时，11 个因子所属测量题项在其他因子上的载荷值均小于 0.5，由此可见，所有题项不仅能有效聚敛于各自的共同因子，而且还能够有效区别于其他共同因子，说明本研究的量表具有很好的效度。

本研究还通过 SPSS17.0 软件对每个变量做可靠性分析，得出各研究变量量表的 Cronbach's α 系数值，Cronbach's α 值可以用于衡量量表的信度，当 Cronbach's α 值大于 0.7 时，说明量表具有较好的信度。本研究各量表的 Cronbach's α 系数值如表 4.10 所示，可以看出各量表的 Cronbach's α 值均大于 0.7，因此可以说明各量表的内部一致性较好，具有较高的信度水平。

表 4.10 探索性因子分析

研究变量	题项	成分											累计解释方差	Cronbach's α
		1	2	3	4	5	6	7	8	9	10	11		
个体导向变革领导力——个性化关怀	101	0.807											17.291%	0.882
	102	0.827												
	103	0.851												
	104	0.813												
个体导向变革领导力——智力刺激	201		0.805										28.268%	
	202		0.837											
	203		0.858											
	204		0.697											
团队导向变革领导力——理想化影响	301			0.785									37.629%	0.866
	302			0.865										
	303			0.801										
	304			0.807										
团队导向变革领导力——行为化影响	401				0.857								46.449%	
	402				0.876									
	403				0.795									
	404				0.815									
团队导向变革领导力——鼓舞士气	501					0.819							53.213%	
	502					0.765								
	503					0.867								
	504					0.835								

第四章 变革领导力对团队资源拼凑影响的研究方法设计

续表

研究变量	题项	成分											累计解释方差	Cronbach's α
		1	2	3	4	5	6	7	8	9	10	11		
员工建言	601						0.792						58.608%	0.882
	602						0.694							
	603						0.707							
	604						0.801							
	605						0.725							
	606						0.805							
员工心理安全	701							0.842					62.910%	0.926
	702							0.803						
	703							0.819						
	704							0.800						
	705							0.873						
团队认同	801								0.651				66.523%	0.896
	802								0.744					
	803								0.644					
	804								0.697					
团队激情	901									0.815			69.577%	0.907
	902									0.855				
	903									0.857				
	904									0.849				
	905									0.790				
	906									0.745				
团队知识治理能力	1001										0.850		72.011%	0.944
	1002										0.844			
	1003										0.907			
	1004										0.909			
	1005										0.922			
	1006										0.835			
团队资源拼凑	1101											0.674	74.198%	0.887
	1102											0.627		
	1103											0.765		
	1104											0.752		
	1105											0.725		
	1106											0.715		
	1107											0.794		
	1108											0.707		

经过上文对初始量表的设计、小组讨论以及预调研等环节，笔者对调查问卷进行了初步调整，同时，本研究通过 SPSS17.0 软件对预调研数据进行初步信度和效度分析，并根据预调研的反馈对调查问卷再次进行适当的修正，最终形成正式调查问卷(见附录)。

第四节 样本数据收集

一、样本选择

本书目的是研究变革领导力与团队资源拼凑的关系，并分别从个体层面和团队层面进行研究，因此调研对象必须是企业团队，同时，由于资源拼凑对新企业更为重要，且在新企业中表现更为明显，因此将调研企业确定为成立 8 年或以下的新企业(Zahra，1993)。基于此，本书的调研目标确定为新企业的工作团队。

本研究选择长春和深圳的新创企业进行调研，是因为既包含了像长春这样的经济活跃程度较低的地区，又包括了像深圳这样的经济活跃程度较高地区，调研城市涵盖了中国的北方和南方，因此具有较好的代表性。此次调研初步将样本设定为 300 家，其中长春和深圳各有 150 家样本企业。

被调查者均为新企业的工作团队，在调研前通过与被调研企业的人力资源经理进行沟通，要求参与调研的部门与创新有关，并由知识型员工组成，如研发、产品设计、技术支持等。选择知识型员工进行调研的原因是他们更容易受到领导风格的影响(蔡亚华等，2013)，同时由于他们的工作内容导致其更容易产生拼凑行为，因此以知识型员工作为本次调研样本与本书的研究目的是非常匹配和符合的。

同时为了避免同源偏差可能对调研结果产生的影响，我们将分别从团队成员和团队领导两个来源进行数据收集，并向团队成员和团队领导分别发放问卷，采取领导与员工一对多进行配对、自变量和因变量分开填写的方式收集数据。此外，为了降低由同一企业环境所导致的同源误差，每个团队将随机选择 2 名员工与 1 名直属领导进行匹配，其中，员工需要报告其感受到的变革领导力、员工建言、员工心理安全、团队认同和团队激情，其直属领导需要评价团队知识治理能力和团队资源拼凑情况，最后把领导的调查问卷和员工的调查问卷以 1∶2 的形式逐一进行配对和编号。

二、数据收集

在明确数据样本的收集范围和调研对象后，笔者进行了大规模的问卷调查，问卷的具体发放和收集过程如下所述：正式调查的时间为 2017 年 1 月到 2017 年 5 月，本次调研企业来自长春和深圳，且要求是成立 8 年及以下的新企业，大规模问卷调查主要通过发放纸质版问卷、电子邮件发放电子版调查问卷和问卷星网发放在线问卷调查相结合的方式进行，共发放问卷 600 份，每家企业选取一个符合要求的工作团队，本问卷不针对非团队的个人工作者，且团队至少由 3 人组成，具有特定的工作目标。并且为了避免同源偏差，分别向团队领导和团队成员发放不同问卷，由团队领导评价团队知识治理能力和团队资源拼凑情况，在团队中随机选择 2 名员工分别填写变革领导力、员工建言、员工心理安全、团队认同和团队激情的测量题项。本次调研共发放了 300 套问卷（包括 300 个团队的 900 位参与者），经过 5 个多月的时间，共回收问卷 247 套（包括 247 个团队的 741 位参与者），回收率 82.33%，去除有严重缺失或所有题项均选择同一评分的无效问卷，以及无法形成领导和员工配对比例为 1∶2 的调查问卷后，最终得到有效问卷 198 套，有效率为 80.16%，由 198 位领导和 396 位员工填写。同时，把得到的 198 套有效问卷以领导和员工的比例为 1∶2 的形式逐一进行配对和编号，最终形成了 396 份有效问卷，样本特征见表 4.11。

表 4.11　样本特征描述统计

基本特征	变量类别	频数	比例(%)
领导工作年限	<1 年	28	7.07
	1—3 年	40	10.10
	3—5 年	88	22.22
	5 年以上	240	60.61
员工受教育水平	初中	4	1.01
	高中或中专	16	4.04
	大专	38	9.60
	本科	218	55.05
	研究生及以上	120	30.30
企业行业	金融业	64	16.16
	汽车及零部件制造业	48	12.12
	其他制造业	72	18.18
	电子信息制造业	40	10.10
	计算机服务软件业	54	13.64
	其他行业	118	29.80
员工人数	≤20	66	16.67
	21—50	84	21.21
	51—100	66	16.67
	100—200	88	22.22
	>200	92	23.23
企业年龄	<1 年	44	11.11
	1—3 年	78	19.70
	3—5 年	100	25.25
	5—8 年	174	43.94

从表 4.11 可以看出，本次调研对象中，领导的工作年限在 5 年以上的占 60.61%，工作 5 年以下的领导占总样本的 39.39%，保证了领导对团队整体情况的深入了解，员工受教育程度在本科及以上的占总样本的 85.35%，保证

第四章 变革领导力对团队资源拼凑影响的研究方法设计

了员工对本次调研的有效理解和正确填写。调研企业所属行业较多的有金融业、制造业和计算机软件服务业，占总样本的70.2%，基本符合调研地区新企业分布特征，企业规模在200人以下的中小型企业占总样本的76.77%，具有新企业代表性特征，企业成立5年以内的企业占总样本的56.06%，成立5-8年的企业占总样本的43.94%，样本分布比较均衡。结合上述分析，我们可以看出本次调研样本分布符合新企业特征，且各方面比较均衡，具有较好的代表性。

第五节 同源偏差分析

同源方法偏差(common method biases)是指同一份数据的来源相同，或被测者在相同的环境中进行反馈，这种情况会产生自变量与因变量之间的人为共变关系。由于这种共变关系产生的误差会对研究结果造成混淆，因此需要对研究数据进行同源偏差检验。本研究分别从领导和员工两个来源对调查问卷进行测评，员工填写问卷中关于变革领导力、员工建言、员工心理安全、团队认同和团队激情的测量题项，领导回答问卷中关于团队知识治理能力和团队资源拼凑的测量题项，这种方法能够有效降低同源方法偏差造成的影响。本研究采用Harman提出的单因素检验方法对研究数据进行同源偏差检验，通过SPSS17.0对所有变量的测量题项进行未旋转的探索性因子分析(Podsakoff et al., 2003)。结果如表4.12所示，结果显示共形成11个特征值大于1的因子，且第一个因子解释总方差为17.401%，小于临界值40%。因此，可以说明本次调研数据的同源偏差并不影响最终数据分析结果。

表4.12 未旋转主成分分析结果

变量	初始特征值			提取平方和载入		
	合计	方差的%	累积%	合计	方差的%	累积%
1	9.571	17.401	17.401	9.571	17.401	17.401
2	7.077	12.866	30.268	7.077	12.866	30.268

续表

变量	初始特征值			提取平方和载入		
	合计	方差的%	累积%	合计	方差的%	累积%
3	4.372	7.949	38.216	4.372	7.949	38.216
4	3.450	6.273	44.489	3.450	6.273	44.489
5	3.220	5.855	50.345	3.220	5.855	50.345
6	2.858	5.196	55.540	2.858	5.196	55.540
7	2.468	4.488	60.028	2.468	4.488	60.028
8	1.761	3.202	63.230	1.761	3.202	63.230
9	1.542	2.803	66.034	1.542	2.803	66.034
10	1.467	2.667	68.701	1.467	2.667	68.701
11	1.310	2.383	71.084	1.310	2.383	71.084

第六节 信度效度检验

在对大样本数据进行实证分析前，为了保证实证分析结果的准确性，需要先对量表进行信度和效度检验。本研究将通过可靠性分析、探索性因子分析和验证性因子分析等方式检验各主要变量量表的信度和效度。

一、信度检验

信度(reliability)是检测量表稳定性和可靠性的重要标准，表明量表进行重复性测量时结果的一致性程度，因此信度检验也可以被称为"可靠性检验"，管理学研究中大多采用内部一致性信度进行检验，检验结果被称为Cronbach's Alpha 系数，通过信度检验的量表表明具有较好的稳定性和可靠性。学者普遍认同的观点是当Cronbach's Alpha 值大于0.6时，表明量表的可信度较高；当Cronbach's Alpha 值介于0.7—0.8之间时，表明量表的信度相当好；当Cronbach's Alpha 值大于0.8时，表明量表的信度非常好(Nunnally &

第四章 变革领导力对团队资源拼凑影响的研究方法设计

Bernstein，1967）。

在本研究中，笔者通过 Cronbach's Alpha 值来检验量表的信度。具体方法是通过运用 SPSS17.0 软件对每一个主要变量的一致性系数分别进行计算，各变量的 Cronbach's Alpha 系数如表 4.13 所示。从表中可以看出，个体导向变革领导力的 Cronbach's Alpha 系数为 0.90，团队导向变革领导力的 Cronbach's Alpha 系数为 0.87，员工建言的 Cronbach's Alpha 系数为 0.84，员工心理安全的 Cronbach's Alpha 系数为 0.93，团队认同的 Cronbach's Alpha 系数为 0.84，团队激情的 Cronbach's Alpha 系数为 0.89，团队知识治理能力的 Cronbach's Alpha 系数为 0.93，团队资源拼凑的 Cronbach's Alpha 系数为 0.88。所有研究变量的 Cronbach's Alpha 系数均大于 0.8，因此可以说明本研究变量量表均具有很好的信度，稳定性较强。

表 4.13 变量的 Cronbach's Alpha 系数

变量	题项	Cronbach's Alpha
个体导向变革领导力	8	0.90
团队导向变革领导力	12	0.87
员工建言	6	0.84
员工心理安全	5	0.93
团队认同	4	0.84
团队激情	6	0.89
团队知识治理能力	6	0.93
团队资源拼凑	8	0.88

二、效度检验

关于量表的效度检验主要分为两个步骤，即探索性因子分析(EFA)和验证性因子分析(CFA)。首先，通过探索性因子分析确定量表的因子结构，然后再进行验证性因子分析检验量表的结构效度。本研究在正式调研之前进行了一次预调研，并通过 SPSS17.0 软件对预调研数据进行了探索性因子分析（结果见表 4.10），结果表明各题项均按照理论假设落在了相应的构念上，且因子载荷系数都大于 0.5，因此可以说明所有量表均具有较好的效度。

其次，本研究在探索性因子分析的基础上，采用 Amos22.0 软件对正式调研数据进行验证性因子分析，验证性因子分析能够更准确地检验各个潜变量与指标间的关系。验证性因子分析一方面能够通过各项拟合指标检验量表的收敛效度，另一方面还能够通过计算平均变异抽取量 AVE 值来衡量量表的区分效度，当各变量的 AVE 值均大于各变量相关系数平方值时，说明量表具有较好的区分效度（Fornell & Larcker，1981）。笔者利用极大似然估计法（Maximum Likelihood Estimate，MLE）来估计各量表的因子载荷，本研究采用以下几个拟合指标来衡量量表的收敛效度，包括 x^2/df、RMSEA、GFI、CFI 和 NFI。这些拟合指标的衡量标准分别为：$x^2/df < 3$，$RMSEA < 0.08$，$GRI > 0.90$，$CFI > 0.90$，$NFI > 0.90$（吴明隆，2010）。本研究对调研数据进行验证性因子分析的结果如表 4.14 所示。

表 4.14 验证性因子分析

研究变量		测量指标	因子载荷	拟合指标
个体导向变革领导力	个性化关怀	101	0.887	$x^2/df = 2.717$; RMSEA $= 0.066$; GFI $= 0.974$; CFI $= 0.987$; NFI $= 0.980$; AVE $= 0.687$; CR $= 0.946$
		102	0.862	
		103	0.830	
		104	0.813	
	智力刺激	201	0.773	
		202	0.891	
		203	0.841	
		204	0.721	

第四章 变革领导力对团队资源拼凑影响的研究方法设计

续表

研究变量		测量指标	因子载荷	拟合指标
团队导向变革领导力	理想化影响	301	0.859	$x^2/df=2.960$; $RMSEA=0.070$; $GFI=0.941$; $CFI=0.968$; $NFI=0.953$; $AVE=0.692$; $CR=0.964$
		302	0.836	
		303	0.785	
		304	0.895	
	行为化影响	401	0.875	
		402	0.841	
		403	0.787	
		404	0.765	
	鼓舞士气	501	0.779	
		502	0.793	
		503	0.874	
		504	0.881	
员工建言		601	0.752	$x^2/df=2.510$; $RMSEA=0.062$; $GFI=0.983$; $CFI=0.986$; $NFI=0.977$; $AVE=0.561$; $CR=0.884$
		602	0.689	
		603	0.752	
		604	0.690	
		605	0.793	
		606	0.810	
员工心理安全		701	0.809	$x^2/df=1.182$; $RMSEA=0.021$; $GFI=0.995$; $CFI=0.998$; $NFI=0.997$; $AVE=0.722$; $CR=0.928$
		702	0.824	
		703	0.858	
		704	0.884	
		705	0.870	
团队认同		801	0.822	$x^2/df=1.279$; $RMSEA=0.027$; $GFI=0.998$; $CFI=0.996$; $NFI=0.998$; $AVE=0.568$; $CR=0.834$;
		802	0.900	
		803	0.572	
		804	0.596	

续表

研究变量	测量指标	因子载荷	拟合指标
团队激情	901	0.765	
	902	0.836	$x^2/df=2.526$；$RMSEA=0.062$；
	903	0.796	$GFI=0.984$；$CFI=0.991$；
	904	0.765	$NFI=0.986$；$AVE=0.593$；
	905	0.729	$CR=0.897$；
	906	0.723	
团队知识治理能力	1001	0.817	
	1002	0.757	$x^2/df=2.929$；$RMSEA=0.070$；
	1003	0.886	$GFI=0.978$；$CFI=0.991$；
	1004	0.862	$NFI=0.986$；$AVE=0.708$；
	1005	0.898	$CR=0.936$
	1006	0.821	
团队资源拼凑	1101	0.745	
	1102	0.748	
	1103	0.727	$x^2/df=2.946$；$RMSEA=0.070$；
	1104	0.720	$GFI=0.970$；$CFI=0.976$；
	1105	0.707	$NFI=0.964$；$AVE=0.542$；
	1106	0.755	$CR=0.904$
	1107	0.765	
	1108	0.720	

注：$x^2/df=$卡方/自由度；$RMSEA=$估计误差平方根；$GFI=$拟合优度指数；$CFI=$比较拟合指数；$NFI=$规范拟合指数；$AVE=$平均方差抽取量；$CR=$组合信度

结合表4.14可以看出，第一，个体导向变革领导力的8个题项的因子载荷值均大于0.5，全部落在标准范围内，说明本研究所使用的个体导向变革领导力量表中的8个题项能够很好地反映其所在的维度信息。同时，个体导向变革领导力的组合信度为0.946＞0.6，说明该量表具有很好的内在质量（Bagozzi，1988），卡方同自由度的比值为2.717＜3，估计误差平方根为

第四章　变革领导力对团队资源拼凑影响的研究方法设计

0.066<0.08，拟合优度指数为 0.974>0.9，比较拟合指数为 0.987>0.9，规范拟合指数为 0.980>0.9。以上拟合指标的数值均符合标准，拟合情况较好，说明该量表具有较好的收敛效度。此外，通过因子载荷计算得到的 AVE 值为 0.687>0.5，说明该量表具有较好的区分效度。因此，我们可以认为个体导向变革领导力的量表具有较高的质量和较好的效度。

第二，团队导向变革领导力的 12 个题项的因子载荷值均大于 0.5，全部落在标准范围内，说明本研究所使用的团队导向变革领导力量表中的 12 个题项能够很好地反映其所在的维度信息。同时，团队导向变革领导力的组合信度为 0.964>0.6，说明该量表具有很好的内在质量（Bagozzi，1988），卡方同自由度的比值为 2.960<3，估计误差平方根为 0.070<0.08，拟合优度指数为 0.941>0.9，比较拟合指数为 0.968>0.9，规范拟合指数为 0.953>0.9。以上拟合指标的数值均符合标准，拟合情况较好，说明该量表具有较好的收敛效度。此外，通过因子载荷计算得到的 AVE 值为 0.692>0.5，说明该量表具有较好的区分效度。因此，我们可以认为团队导向变革领导力的量表具有较高的质量和较好的效度。

第三，员工建言的 6 个题项的因子载荷值均大于 0.5，全部落在标准范围内，说明本研究所使用的员工建言量表符合基本适配指标标准。同时，员工建言的组合信度为 0.884>0.6，说明该量表具有很好的内在质量（Bagozzi，1988），卡方同自由度的比值为 2.510<3，估计误差平方根为 0.062<0.08，拟合优度指数为 0.983>0.9，比较拟合指数为 0.986>0.9，规范拟合指数为 0.977>0.9。以上拟合指标的数值均符合标准，拟合情况较好，说明该量表具有较好的收敛效度。此外，通过因子载荷计算得到的 AVE 值为 0.561>0.5，说明该量表具有较好的区分效度。因此，我们可以认为员工建言的量表具有较高的质量和较好的效度。

第四，员工心理安全的 5 个题项的因子载荷值均大于 0.5，全部落在标准范围内，说明本研究所使用的员工心理安全量表符合基本适配指标标准。同时，员工心理安全的组合信度为 0.928>0.6，说明该量表具有很好的内在质量（Bagozzi，1988），卡方同自由度的比值为 1.182<3，估计误差平方根为 0.021<0.08，拟合优度指数为 0.995>0.9，比较拟合指数为 0.998>0.9，规范拟合指数为 0.997>0.9。以上拟合指标的数值均符合标准,拟合情况较好,说明该量表具有较好的收敛效度。此外,通过因子载荷计算得到的 AVE 值为 0.722>0.5,说明该量表具有较好的区分效度。因此,我们可以认为员工心理安全的量表具有较高的质量和较好的效度。

第五,团队认同的 4 个题项的因子载荷值均大于 0.5,全部落在标准范围内,说明本研究所使用的团队认同量表符合基本适配指标标准。同时,团队认同的组合信度为 0.834>0.6,说明该量表具有很好的内在质量(Bagozzi, 1988),卡方同自由度的比值为 1.279<3,估计误差平方根为 0.027<0.08,拟合优度指数为 0.998>0.9,比较拟合指数为 0.996>0.9,规范拟合指数为 0.998>0.9。以上拟合指标的数值均符合标准,拟合情况较好,说明该量表具有较好的收敛效度。此外,通过因子载荷计算得到的 AVE 值为 0.568>0.5,说明该量表具有较好的区分效度。因此,我们可以认为团队认同的量表具有较高的质量和较好的效度。

第六,团队激情的 6 个题项的因子载荷值均大于 0.5,全部落在标准范围内,说明本研究所使用的团队激情量表符合基本适配指标标准。同时,团队激情的组合信度为 0.897>0.6,说明该量表具有很好的内在质量(Bagozzi, 1988),卡方同自由度的比值为 2.526<3,估计误差平方根为 0.062<0.08,拟合优度指数为 0.984>0.9,比较拟合指数为 0.991>0.9,规范拟合指数为 0.986>0.9。以上拟合指标的数值均符合标准,拟合情况较好,说明该量表具有较好的收敛效度。此外,通过因子载荷计算得到的 AVE 值为 0.593>0.5,说明该量表具有较好的区分效度。因此,我们可以认为团队激情的量表具有较高的质量和较好的效度。

第七,团队知识治理能力的 6 个题项的因子载荷值均大于 0.5,全部落在标准范围内,说明本研究所使用的团队知识治理能力量表符合基本适配指标标准。同时,团队知识治理能力的组合信度为 0.936>0.6,说明该量表具有很好的内在质量(Bagozzi, 1988),卡方同自由度的比值为 2.929<3,估计误差平方根为 0.070<0.08,拟合优度指数为 0.978>0.9,比较拟合指数为 0.991>0.9,规范拟合指数为 0.986>0.9。以上拟合指标的数值均符合标准,拟合情况较好,说明该量表具有较好的收敛效度。此外,通过因子载荷计算

第四章　变革领导力对团队资源拼凑影响的研究方法设计

得到的 AVE 值为 $0.708>0.5$，说明该量表具有较好的区分效度。因此，我们可以认为团队知识治理能力的量表具有较高的质量和较好的效度。

第八，团队资源拼凑的 8 个题项的因子载荷值均大于 0.5，全部落在标准范围内，说明本研究所使用的团队资源拼凑量表符合基本适配指标标准。同时，团队资源拼凑的组合信度为 $0.904>0.6$，说明该量表具有很好的内在质量（Bagozzi，1988），卡方同自由度的比值为 $2.946<3$，估计误差平方根为 $0.070<0.08$，拟合优度指数为 $0.970>0.9$，比较拟合指数为 $0.976>0.9$，规范拟合指数为 $0.964>0.9$。以上拟合指标的数值均符合标准，拟合情况较好，说明该量表具有较好的收敛效度。此外，通过因子载荷计算得到的 AVE 值为 $0.542>0.5$，说明该量表具有较好的区分效度。因此，我们可以认为团队资源拼凑的量表具有较高的质量和较好的效度。

第五章　变革领导力对团队资源拼凑影响的实证分析

上一章已经对本研究的量表进行同源偏差分析、信度检验和效度检验，结果表明本研究所有量表均具有较好的信度和效度，符合进一步实证分析的基本要求。因此，本章将利用SPSS17.0软件对正式调研的样本数据进行实证分析与检验，通过描述性统计分析、相关性分析、回归分析等方式验证本研究各主要变量之间的关系假设。

第一节　描述性统计分析与相关分析

在对本研究各主要变量进行多元线性回归分析之前，首先需要对所有变量进行基本统计分析，主要包括描述性统计分析和变量相关分析。本研究采用SPSS17.0软件对样本数据进行描述性统计分析，主要统计各变量的两项统计量指标，即均值和标准差，结果见表5.1。

表5.1　描述性统计分析与相关分析

变量	均值	SD	1	2	3	4	5	6
1 领导工作年限	3.36	0.93	1					
2 员工教育水平	4.10	0.80	−0.190**	1				
3 企业年龄	3.33	1.38	−0.157**	0.045	1			
4 企业规模	3.46	1.80	−0.058	0.190**	0.420**	1		

第五章 变革领导力对团队资源拼凑影响的实证分析

续表

变量	均值	SD	1	2	3	4	5	6
5 个体变革领导力	5.29	0.92	−0.141**	0.241**	0.015	0.186**	1	
6 团队变革领导力	5.02	0.87	−0.041	0.162**	0.014	0.110*	0.414**	1
7 员工建言	4.96	0.93	−0.107*	0.090	−0.132**	0.089	0.287**	0.082
8 员工心理安全	5.30	1.11	0.052	−0.036	0.037	0.017	0.150**	0.235
9 团队认同	5.07	0.91	−0.063	0.101*	−0.058	−0.014	0.167**	0.214**
10 团队激情	4.84	0.98	0.003	−0.095	0.027	−0.005	0.017	0.077*
11 团队知识治理能力	5.35	1.13	−0.010	−0.076	−0.048	−0.001	0.007	0.038
12 团队资源拼凑	5.32	0.93	−0.196**	0.093	−0.043	0.068	0.297**	0.323**

变量	均值	SD	7	8	9	10	11	12
7 员工建言	4.96	0.93	1					
8 员工心理安全	5.30	1.11	0.071*	1				
9 团队认同	5.07	0.91	0.362**	0.035	1			
10 团队激情	4.84	0.98	0.277**	0.132	0.434**	1		
11 团队知识治理能力	5.35	1.13	0.334**	0.062	0.387**	0.259**	1	
12 团队资源拼凑	5.32	0.93	0.204**	0.232**	0.301**	0.067	0.153**	1

注:* $p<0.05$;** $p<0.01$.

笔者利用SPSS17.0软件对所有变量进行Pearson相关分析,结果见表5.1。从表中可以看出,控制变量中的领导工作年限与个体导向变革领导力、员工建言和团队资源拼凑呈显著负相关,这与理论假设相符,领导的工作年限越长,领导的思维模式越趋于固定和僵化,趋向于自我改变的领导风格难度加大,导致团队整体的创新性氛围不浓厚,不利于团队资源拼凑,同时,员工受领导影响的程度加强,也不利于建言的提出;控制变量中的员工教育水平与个体导向变革领导力、团队导向变革领导力和团队认同呈显著正相关,员工教育水平越高,其对领导所下达的工作指令理解得越深刻,对领导力的认知能力越强,同时也越容易对团队产生认同感;控制变量中企业年龄与企业人数呈显著正相关,与员工建言呈显著负相关,这也与理论假设相符,企业成立时间越长,企业规模会随之扩大,企业需要的员工人数越多,同时,企业越有可能形成完善的规章制度,企业组织结构越趋向于机械式,不利于员工建言的提出；企业规模与个体导向变革领导力和团队导向变革领导力呈显著正相关，企业规模越大，员工人数越多，越有利于领导发挥其领导能力。

此外，相关分析结果也初步验证了本研究的理论模型与假设，从表5.1可以看出，个体导向变革领导力、团队导向变革领导力、员工建言、员工心理安全、团队认同和团队资源拼凑两两正相关，可以初步表明各自自变量、中介变量与因变量存在显著的正向相关性；员工建言、员工心理安全、团队认同、团队激情、团队知识治理能力和团队资源拼凑两两正相关，可以初步表明各自自变量、调节变量与因变量存在显著的正向相关关系。由此说明，本研究变量的测量效果符合数据分析要求。

第二节　回归分析

在对样本数据进行 Pearson 相关分析的基础上，本研究将领导工作年限、员工教育水平、企业年龄和企业规模作为控制变量，纳入接下来的多元线性回归模型中，用于分析各变量之间的因果关系，以验证本研究的理论假设。由于本研究具有中介作用相关假设和调节作用相关假设，因此笔者需要对中介效应和调节效应的检验方法进行选择。本研究对中介效应的检验方法借鉴了巴隆和肯尼(Baron & Kenny, 1986)提出的检验方法，包括以下四个步骤：第一，验证自变量对因变量具有显著影响；第二，验证自变量对中介变量具有显著影响；第三，验证中介变量对因变量具有显著影响；第四，验证加入中介变量后，自变量对因变量的标准化回归系数与显著性减弱甚至完全不显著，表明中介效应成立。本研究对调节效应的检验方法借鉴了陈晓萍等(2008)提出的检验方法，首先，先对自变量和调节变量做标准化处理，这种方式有利于减少多种共线性问题(multicollinearity)，然后把标准化处理后的自变量和调节变量做乘积，将乘积项放入回归模型中，并检验乘积项的回归系数是否达到显著性水平，如果乘积项的回归系数显著，则表明调节效应成立。

第五章　变革领导力对团队资源拼凑影响的实证分析

一、变革领导力对团队资源拼凑影响的回归分析

变革领导力对团队资源拼凑的回归分析结果见表5.2。模型1反映了控制变量与团队资源拼凑的关系，是本研究的基准模型，从表中可以看出，领导工作年限和企业年龄与团队资源拼凑呈显著负相关，而员工教育水平和企业规模与团队资源拼凑不相关。

笔者在模型1的基础上，逐次加入了个体导向变革领导力和团队导向变革领导力，构成了模型2和模型3，分别用于检验个体导向变革领导力和团队导向变革领导力对团队资源拼凑的影响作用。从表5.2中可以看出，个体导向变革领导力对团队资源拼凑的回归系数为0.267（模型2；$p=0.000$），回归结果表明假设1成立，个体导向变革领导力对团队资源拼凑具有正向影响得到数据支持；团队导向变革领导力对团队资源拼凑的回归系数为0.309（模型3；$p=0.000$），回归结果表明假设2成立，团队导向变革领导力对团队资源拼凑具有正向影响得到数据支持。

表5.2　变革领导力对团队资源拼凑的多元回归分析结果（$N=396$）

变量	因变量：团队资源拼凑		
	模型1	模型2	模型3
领导工作年限	−0.201***	−0.172**	−0.197***
员工教育水平	0.042	−0.009	−0.003
企业年龄	−0.118*	−0.095	−0.107*
企业规模	0.098	0.050	0.068
个体导向变革领导力		0.267***	
团队导向变革领导力			0.309***
R^2	0.055	0.120	0.148
调整 R^2	0.045	0.109	0.137
F 值	5.694***	10.627***	13.501***

注：* $p<0.05$；** $p<0.01$；*** $p<0.001$

二、员工心理安全调节作用的回归分析

员工心理安全的调节作用回归分析结果见表 5.3 所示。为了检验员工心理安全的调节作用，本研究采用陈晓萍等（2008）的方法进行检验，即先对自变量和调节变量进行标准化处理，然后把标准化后的自变量和调节变量做乘积，最后检验两者乘积项的回归系数。

从表 5.3 中可以看出，模型 4 反映了控制变量与员工建言的关系，构成了本研究的基准模型，从表中可以看出，领导工作年限和企业年龄与员工建言呈显著负相关，企业规模与员工建言呈显著正相关，而员工教育水平对员工建言的影响不显著。随后，笔者在模型 4 的基础上，逐次加入了个体导向变革领导力和员工心理安全，构成了模型 5 和模型 6，用于检验个体导向变革领导力和员工心理安全与员工建言的回归系数与显著性水平，最后加入了两者的乘积项，构成了模型 7，用于检验员工心理安全对个体导向变革领导力和员工建言的调节效应。

从表 5.3 中可以看出，在模型 5 中，个体导向变革领导力对员工建言的回归系数为 0.255（模型 5：$p=0.000$），回归结果表明假设 3 成立，即个体导向变革领导力对员工建言具有正向影响得到数据支持；在模型 7 中，个体导向变革领导力与员工心理安全的乘积项对员工建言的回归系数为 0.1（模型 7：$p=0.035<0.05$），回归结果表明假设 4 成立，即员工心理安全在个体导向变革领导力与员工建言的关系之间起到正向调节作用得到数据支持。

表 5.3 员工心理安全调节作用的多元回归分析结果（$N=396$）

变量	因变量：员工建言			
	模型 4	模型 5	模型 6	模型 7
领导工作年限	−0.124*	−0.097*	−0.101*	−0.106*
员工教育水平	0.044	−0.005	−0.005	−0.004
企业年龄	−0.223***	−0.201***	−0.205***	−0.210***
企业规模	0.167**	0.121*	0.117*	0.115*
个体导向变革领导力		0.255***	0.274***	0.263***

续表

变量	因变量：员工建言			
	模型4	模型5	模型6	模型7
员工心理安全			0.123*	0.120*
个体导向变革领导力×员工心理安全				0.100*
R^2	0.062	0.121	0.135	0.145
调整R^2	0.052	0.109	0.122	0.130
F值	6.407***	10.694***	10.136***	9.402***

注：* $p<0.05$；** $p<0.01$；*** $p<0.001$

三、员工建言中介作用的回归分析

员工建言的中介作用回归分析结果如表5.4所示。为了检验员工建言的中介作用，本研究采用Baron & Kenny(1986)的方法进行检验，①先对自变量与因变量的关系进行检验，②再对自变量与中介变量的关系进行检验，③然后对中介变量与因变量的关系进行检验，④最后分析加入中介变量后，自变量对因变量的回归系数和显著性是否减弱甚至完全不显著。

表5.4 员工建言中介作用的多元回归分析结果($N=396$)

变量	因变量：团队资源拼凑	
	模型8	模型9
领导工作年限	−0.180***	−0.162**
员工教育水平	0.035	−0.009
企业年龄	−0.081	−0.074
企业规模	0.071	0.038
个体导向变革领导力		0.241***
员工建言	0.164**	0.105*
R^2	0.080	0.130
调整R^2	0.069	0.116
F值	6.813***	9.650***

注：* $p<0.05$；** $p<0.01$；*** $p<0.001$

在本研究中，模型1是控制变量对团队资源拼凑的影响（如表5.2所示），结果表明领导工作年限和企业年龄与团队资源拼凑呈负相关，控制变量中的员工教育水平和企业规模对团队资源拼凑的影响不显著。从表5.4中可以看出，在模型1的基础上加入员工建言变量形成了模型8，用于检验员工建言对团队资源拼凑的影响。结果表明，员工建言对团队资源拼凑的回归系数为0.164（模型8：$p=0.001<0.01$），回归结果表明假设5成立，即员工建言对团队资源拼凑具有正向影响得到数据支持。

依据上文所述，我们可以发现，在检验员工建言中介作用的四个步骤里，模型2的回归过程符合检验中介作用的第一个步骤（如表5.2所示），即个体导向变革领导力对团队资源拼凑具有正向影响；模型5的回归过程符合检验中介作用的第二个步骤（如表5.3所示），即个体导向变革领导力对员工建言具有正向影响；模型8的回归过程符合检验中介作用的第三个步骤（如表5.4所示），即员工建言对团队资源拼凑具有正向影响；模型9的回归过程符合检验中介作用的第四个步骤（如表5.4所示），即加入员工建言后，个体导向变革领导力对团队资源拼凑的影响程度减弱。由模型9可知，在加入中介变量员工建言后，个体导向变革领导力对团队资源拼凑的回归系数变为0.241（模型9：$p=0.000$），与模型2中个体变革领导力对团队资源拼凑的回归系数0.267（模型2：$p=0.000$）相比，回归系数存在一定程度的减弱，回归系数由0.267降至0.241。而且在模型9中，员工建言对团队资源拼凑的回归系数变为0.105（模型9：$p=0.038<0.05$），因此，从回归结果可知假设8成立，即员工建言在个体导向变革领导力与团队资源拼凑的关系之间起到部分中介作用得到数据支持。

四、团队认同中介作用的回归分析

团队认同的中介作用回归分析结果如表5.5所示。为了检验团队认同的中介作用，本研究采用Baron & Kenny（1986）的方法进行检验，①先对自变量与因变量的关系进行检验，②再对自变量与中介变量的关系进行检验，③然后对中介变量与因变量的关系进行检验，④最后分析加入中介变量后，自变量对因变量的回归系数和显著性是否减弱甚至完全不显著。

第五章 变革领导力对团队资源拼凑影响的实证分析

表 5.5　团队认同中介作用的多元回归分析结果($N=396$)

变量	因变量：团队认同		因变量：团队资源拼凑	
	模型 10	模型 11	模型 12	模型 13
领导工作年限	−0.056	−0.053	−0.185***	−0.184***
员工教育水平	0.095	0.066	0.015	−0.018
企业年龄	−0.069	−0.061	−0.099	−0.093
企业规模	−0.007	−0.026	0.100	0.074
团队导向变革领导力		0.205***		0.262***
团队认同			0.284***	0.231***
R^2	0.017	0.058	0.134	0.198
调整 R^2	0.007	0.046	0.123	0.185
F 值	1.719	4.777***	12.087***	15.991***

注：*$p<0.05$；**$p<0.01$；***$p<0.001$

从表 5.5 中可以看出，模型 10 是控制变量对团队认同的影响，结果表明，四个控制变量与团队认同的关系均不显著。笔者在模型 10 的基础上加入团队导向变革领导力变量构建了模型 11，此模型用于检验团队导向变革领导力与团队认同的作用关系。回归结果显示，团队导向变革领导力对团队认同的回归系数为 0.205（模型 11：$p=0.000$），因此可以说明假设 6 成立，即团队导向变革领导力对团队认同具有正向影响得到数据支持。

此外，由于模型 1 是控制变量对团队资源拼凑的影响（如表 5.2 所示），结果表明领导工作年限和企业年龄与团队资源拼凑呈负相关，控制变量中的员工教育水平和企业规模对团队资源拼凑的影响不显著。从表 5.5 中可以看出，在模型 1 的基础上加入团队认同变量形成了模型 12，用于检验团队认同对团队资源拼凑的影响。结果表明，团队认同对团队资源拼凑的回归系数为 0.284（模型 12：$p=0.000$），回归结果表明假设 7 成立，即团队认同对团队资源拼凑具有正向影响得到数据支持。

综上所述，我们可以发现，在检验团队认同中介作用的四个步骤里，模型 3 的回归过程符合检验中介作用的第一个步骤（如表 5.2 所示），即团队导向变革领导力对团队资源拼凑具有显著的正向影响；模型11的回归过程符合检验中介作用的第二个步骤（如表5.5所示），即团队导向变革领导力对团队认同具有显著的正向影响；模型12的回归过程符合检验中介作用的第三个步骤（如表5.5所示），即团队认同对团队资源拼凑具有显著的正向影响；模型13的回归过程符合检验中介作用的第四个步骤（如表5.5所示），即加入团队认同后，团队导向变革领导力对团队资源拼凑的影响程度降低。由模型13可知，在加入中介变量团队认同后，团队导向变革领导力对团队资源拼凑的回归系数变为0.262（模型13：$p=0.000$），与模型3中团队变革领导力对团队资源拼凑的回归系数0.309（模型3：$p=0.000$）相比，回归系数存在一定程度的减弱，回归系数由0.309降至0.262。而且在模型13中，团队认同对团队资源拼凑的回归系数变为0.231（模型13：$p=0.000$），因此从回归结果可知假设9成立，即团队认同在团队导向变革领导力与团队资源拼凑的关系之间起到部分中介作用得到数据支持。

五、团队激情调节作用的回归分析

团队激情的调节作用回归分析结果如下表5.6所示。为了检验团队激情的调节作用，本研究采用陈晓萍等（2008）的方法进行检验，即先对自变量和调节变量进行标准化处理，然后把标准化后的自变量和调节变量做乘积，最后检验两者乘积项的回归系数。

模型4检验了控制变量对员工建言的影响（如表5.3所示），是本研究的基准模型，回归结果表明，领导工作年限和企业年龄与员工建言呈负相关，企业规模与员工建言呈正相关，企业年龄与员工建言不相关。随后，笔者在模型4的基础上依次加入个体导向变革领导力和团队激情，构成了模型5和模型14，用于检验个体导向变革领导力和团队激情与员工建言的回归系数与显著性水平，最后加入个体导向变革领导力与团队激情的乘积项，构建了模型15，用于检验团队激情对个体导向变革领导力和员工建言的调节效应。如表5.6所示，回归结果表明，在模型15中，个体导向变革领导力与团队激情的乘积项对员工建言的回归系数为0.061（模型15：$p=0.179>0.05$），因此假设10不成立，即团队激情正向调节个体导向变革领导力与员工建言之间关

第五章 变革领导力对团队资源拼凑影响的实证分析

系未得到数据支持。

表 5.6 团队激情调节作用的多元回归分析结果($N=396$)

变量	因变量：员工建言		因变量：团队认同	
	模型 14	模型 15	模型 16	模型 17
领导工作年限	-0.095*	-0.094*	-0.048	-0.055
员工教育水平	0.026	0.022	0.107*	0.106*
企业年龄	-0.211***	-0.212***	-0.074	-0.073
企业规模	0.123*	0.125*	-0.030	-0.033
个体导向变革领导力	0.243***	0.243***		
团队导向变革领导力			0.235***	0.235***
团队激情	0.281***	0.286***	0.465***	0.472***
个体导向变革领导力×团队激情		0.061		
团队导向变革领导力×团队激情				0.087*
R^2	0.199	0.203	0.270	0.278
调整 R^2	0.186	0.188	0.259	0.265
F 值	16.084***	14.074***	24.032***	21.329***

注：* $p<0.05$；** $p<0.01$；*** $p<0.001$

模型 10 检验了控制变量对团队认同的影响（如表 5.5 所示），是本研究的基准模型，回归结果表明，4 个控制变量与团队认同均不相关。随后，笔者在模型 10 的基础上依次加入团队导向变革领导力和团队激情，构成了模型 11 和模型 16，用于检验团队导向变革领导力和团队激情与团队认同的回归系数与显著性水平，最后加入团队导向变革领导力与团队激情的乘积项，构建了模型 17，用于检验团队激情对团队导向变革领导力和团队认同的调节效应。如表 5.6 所示，回归结果表明，在模型 17 中，团队导向变革领导力与团队激情的乘积项对团队认同的回归系数为 0.087（模型 15：$p=0.046<0.05$），因此假设 11 成立，即团队激情正向调节团队导向变革领导力与团队认同之间关系得到数据支持。

六、团队知识治理能力调节作用的回归分析

团队知识治理能力的调节作用回归分析结果如下表 5.7 所示。与团队激情调节作用的验证方法一致,本研究采用陈晓萍、徐淑英和樊景立(2008)的方法对团队知识治理能力的调节作用进行检验。

表 5.7　团队知识治理能力调节作用的多元回归分析结果($N=396$)

变量	因变量:团队资源拼凑			
	模型 18	模型 19	模型 20	模型 21
领导工作年限	−0.181***	−0.178***	−0.184***	−0.184***
员工教育水平	0.046	0.052	0.020	0.032
企业年龄	−0.082	−0.069	−0.097	−0.105*
企业规模	0.072	0.059	0.098	0.103
员工建言	0.126*	0.133*		
团队知识治理能力	0.109*	0.142**	0.046	0.059
员工建言×团队知识治理能力		0.134**		
团队认同			0.266***	0.264***
团队认同×团队知识治理能力				0.080
R^2	0.091	0.107	0.136	0.142
调整 R^2	0.077	0.091	0.123	0.127
F 值	6.469***	6.656***	10.198***	9.172***

注:* $p<0.05$;** $p<0.01$;*** $p<0.001$

首先,模型 1 检验了控制变量对团队资源拼凑的影响(如表 5.3 所示),作为本研究的基准模型,笔者在模型 1 的基础上依次加入员工建言和团队知识治理能力,构建了模型 18,用于检验员工建言和团队知识治理能力与团队资源拼凑的回归系数与显著性水平,然后在模型 18 的基础上加入员工建言与团队知识治理能力的乘积项,构成了模型 19,用于检验团队知识治理能力对员工建言与团队资源拼凑的调节效应。如表 5.7 所示,回归结果表明,在模型 19 中,员工建言与团队知识治理能力的乘积项对团队资源拼凑的回归系数

为 0.134(模型 19：$p=0.008<0.01$)，因此假设 12 成立，即团队知识治理能力正向调节员工建言与团队资源拼凑之间关系得到数据支持。

随后，笔者在模型 1 的基础上依次加入团队认同和团队知识治理能力，构建了模型 20，用于检验团队认同和团队知识治理能力与团队资源拼凑的回归系数与显著性水平，然后在模型 20 的基础上加入团队认同与团队知识治理能力的乘积项，构成了模型 21，用于检验团队知识治理能力对团队认同与团队资源拼凑的调节效应。如表 5.7 所示，回归结果表明，在模型 21 中，团队认同与团队知识治理能力的乘积项对团队资源拼凑的回归系数为 0.080(模型 21：$p=0.098>0.05$)，因此假设 13 不成立，即团队知识治理能力正向调节团队认同与团队资源拼凑之间关系未得到数据支持。

第三节 假设检验结果分析

本研究基于变革领导力对团队资源拼凑影响的理论关系模型，利用收集到的 396 份样本数据，采用 Amos22.0 和 SPSS17.0 软件对样本数据进行了验证性因子分析、基本统计分析和多元回归分析。分析结果表明，本研究所提出的 13 条假设中，有 11 条假设得到了数据支持，2 条假设未得到数据支持，具体假设检验结果如表 5.8 所示。为了进一步明确变量间的作用机理，本研究将结合第五章第二节的多元回归分析结果，展开深入分析。

表 5.8 假设检验结果统计

假设	假设内容	检验结果
H1	个体导向变革领导力对团队资源拼凑具有正向影响	支持
H2	团队导向变革领导力对团队资源拼凑具有正向影响	支持
H3	个体导向变革领导力对员工建言具有正向影响	支持
H4	员工心理安全正向调节个体导向变革领导力与员工建言之间关系	支持
H5	员工建言对团队资源拼凑具有正向影响	支持
H6	团队导向变革领导力对团队认同具有正向影响	支持
H7	团队认同对团队资源拼凑具有正向影响	支持
H8	员工建言在个体导向变革领导力与团队资源拼凑的关系之间起到中介作用	部分支持
H9	团队认同在团队导向变革领导力与团队资源拼凑的关系之间起到中介作用	部分支持
H10	团队激情正向调节个体导向变革领导力与员工建言之间关系	不支持
H11	团队激情正向调节团队导向变革领导力与团队认同之间关系	支持
H12	团队知识治理能力正向调节员工建言与团队资源拼凑之间关系	支持
H13	团队知识治理能力正向调节团队认同与团队资源拼凑之间关系	不支持

第六章　变革领导力对团队资源拼凑影响的讨论与启示

上一章通过对样本数据进行多元回归分析，检验了模型中各主要变量之间的相关关系，验证了本研究提出的研究假设，结果表明提出的13个假设中有11个假设得到了数据支持，2个假设未获得数据支持。本章将在此基础上对假设检验结果进行深入分析和讨论，并提出相应的管理启示。

第一节　研究结果讨论

根据本书所提出的理论模型和研究假设，对研究结果的讨论将从以下六个方面进行，即变革领导力对团队资源拼凑的影响、员工建言的中介作用、团队认同的中介作用、员工心理安全的调节作用、团队激情的调节作用和团队知识治理能力的调节作用。

第一，变革领导力对团队资源拼凑影响的讨论。本研究证实了变革领导力对团队资源拼凑的作用关系，并将变革领导力分解为个体导向和团队导向两个视角进行解读，分别探讨个体和团队两个不同层面变革领导力对团队资源拼凑的影响。研究结果表明，个体导向变革领导力和团队导向变革领导力对团队资源拼凑都具有积极影响，假设1和假设2均得到了数据支持。

资源拼凑作为应对新企业资源约束的一种方式(Halme et al.，2012)，体现了领导者的智慧和适应能力(Domenico et al.，2010)。个体导向变革领导力注重对每一位员工的差异化领导(Wu et al.，2010)，根据员工个体差异，为不同员工提供个性化支持和激励,鼓励员工树立创新意识(Wang & Zhu,2011),促使其从不同角度组合现有资源或开发现有资源的新用途,激发员工产生更多的创新理念(Senyard et al.,2014),实现团队对现有资源的创造性利用和整合,促进团队资源拼凑活动的顺利开展。团队导向变革领导力更多的是将团队视为一个整体,通过描绘愿景和塑造自身榜样的方式,调动团队成员的工作和学习热情,在这种情况下,团队成员更愿意贡献出自身的力量,激发成员为了达成团队目标进行知识共享(Chen et al.,2007),促进团队成员间的相互合作(李圭泉、刘海鑫,2014),提高了团队整体的创造力(Chen et al.,2007),鼓励团队创造性地拼凑现有资源,推动团队资源拼凑活动的开展。

第二,员工建言中介作用的讨论。本研究探索了个体导向变革领导力、员工建言和团队资源拼凑之间的关系,并提出了 H3、H5 和 H8 三个假设,包括个体导向变革领导力对员工建言具有正向影响、员工建言对团队资源拼凑具有正向影响、员工建言在个体导向变革领导力与团队资源拼凑之间起到中介作用。研究结果显示,这三个假设均得到了数据支持,因此假设 3、假设 5 和假设 8 成立。

要想达成团队资源拼凑的效用最大化,就需要从多种渠道获取信息以保证拼凑的灵活性和创新性。因此,在团队资源拼凑活动中,不仅需要领导层的智慧,还需要员工层的创新,而员工建言正是重要的创新来源(Mesmer-Magnus & DeChurch,2009)。然而,现实中企业普遍存在的现象是员工即使有不同意见或发现领导决策中的问题也不会表达出来。导致这种现象的原因可能多种多样,而领导作为建言的直接目标对象(Detert & Burris,2007),其领导风格对员工建言的影响是不容忽视的(严晓辉,2011),尤其是以变革为主的变革型领导风格,其对员工建言的影响作用引起了学者的更多关注(Detert & Burris,2007;段锦云、黄彩云,2014;孙瑜、王惊,2015)。个体导向变革型领导能够更多地考虑到每一位员工的个人需要,并通过个性化关怀增加其对领导的信任和忠诚(Phipps & Prieto,2011),有利于员工对领导敞开心扉,减少对建言风险的顾虑,并且表现出积极创新的态度,提出更多具有建设性的意见。这个结论与之前学者提出的个体导向变革领导力对员

第六章 变革领导力对团队资源拼凑影响的讨论与启示

工建言具有积极作用相一致（Detert & Burris，2007；段锦云、黄彩云，2014；孙瑜、王惊，2015）。员工提出的改善意见或发现的问题传达给领导后，有助于领导及时对拼凑方案进行改进，降低团队资源拼凑的风险，提高团队资源拼凑的质量。而且由于不同员工的知识和经验各不相同，每个人看待问题的角度也有所差异，因此造成了员工建言内容的丰富性，这种现象能够拓宽团队的资源拼凑思路。并且员工建言越丰富，能够为团队提供的信息越多，团队能够掌握的资源范围就越广，团队进行资源拼凑时能够利用的资源越丰富，拼凑范围也就越大（赵兴庐、张建琦，2016）。

第三，员工心理安全调节作用的讨论。本研究提出了假设 4，认为员工心理安全正向调节个体导向变革领导力与员工建言之间的关系，结果表明该假设得到了数据支持，因此假设 4 成立。

研究发现，变革领导力能够促进员工建言（Detert & Burris，2007；段锦云、黄彩云，2014；孙瑜、王惊，2015），但是员工建言本质上是一种具有一定风险性的行为，尤其在新创企业中，员工在建言前更会考量自身的安全性和建言的有效性（段锦云、黄彩云，2014），如果员工认为建言会产生很大风险（李锐等，2009），那么员工就会产生更大顾虑。为了降低这种风险和不确定性，员工就需要建立一种安全感，以加强对领导的信任，表现出更高的工作参与度（Kahn，1990）。研究表明，员工的心理和行为具有关系取向（张毅，2013）。员工心理安全就是员工在工作环境中对人际交往风险的感知。在建言过程中，如果员工能够和领导建立起"亲密的"关系，员工对领导的信任感就会加强，进而会提升员工的建言动机。然而，如果周围同事或领导对建言持反对态度，那么员工的建言成果就不会受到认可，员工的心理安全感会降低，并会产生被排斥或被嘲笑的负面影响。即使个体导向变革型领导能够对员工进行个性化关怀，拉近彼此的关系，但是员工也会在外在压力的作用下，减少建言的提出次数。相反，当员工具有较高的心理安全感时，员工更愿意接受领导释放的善意，并对自己提出的建言产生更多的信心，相信自己的建言行为不会招致同事或领导的排挤或报复，因此员工的建言动机会得到加强并更有勇气承担风险，进一步促进建言行为的产生。

第四，团队认同中介作用的讨论。本研究探索了团队导向变革领导力、团队认同和团队资源拼凑之间的关系,并提出了 H6、H7 和 H9 三个假设,包括团队导向变革领导力对团队认同具有正向影响、团队认同对团队资源拼凑具有正向影响、团队认同在团队导向变革领导力与团队资源拼凑之间起到中介作用。研究结果显示,这三个假设均得到了数据支持,因此假设 6、假设 7 和假设 9 成立。

研究发现,团队认同对解释团队行为和团队过程具有重要作用(Ashforth & Mael, 1989;Lee, 2004;Korte, 2007)。具有团队认同感的个体会以团队成员身份对自己进行定义和分类,将团队的目标、价值观和行为规范等看作自己的特征(任荣, 2011),团队认同感越高,团队成员越容易将个人利益与团队的利益保持一致(Albert et al., 2000),促使团队成员对工作产生更强烈的内在动机(Liao et al., 2012)。根据平均领导理论,团队导向变革型领导视团队为一个整体,能够公平地对待每一位团队成员,维护团队的公平和平等(孙永磊等, 2016),这种平等化的待遇会营造和谐的团队氛围,增强团队成员的认同感(Van Knippenberg et al., 2004)。具有较高认同感的团队成员会将团队任务视为自己的任务,提高对其他团队成员的评价,减少不同成员间的偏见和冲突,团队成员更倾向于采取合作的方式达成团队目标(Somech et al., 2009),并通过整合不同成员的差异化观点,促进团队内部的知识迁移(Kane, 2010),提高团队整体的创造性和表现能力(Van der Vegt & Bunderson, 2005;Bezukova et al., 2009)。同时,团队认同还能够促进信息和知识在团队成员间的共享(Dick et al., 2006),确保团队有更多样化的知识作用于团队产出,为团队创新行为奠定坚实的知识基础,从而促进团队资源拼凑活动。

第五,团队激情调节作用的讨论。本研究探索了团队激情在自变量与中介变量之间的调节效应,提出假设 10 和假设 11,认为团队激情不仅在个体导向变革领导力与员工建言的关系之间起到正向调节作用,在团队导向变革领导力与团队认同的关系之间同样起到正向调节作用。研究结果表明,只有一条假设通过了验证,即假设 11 成立,团队激情在团队层面的调节作用得到了数据支持,而假设 10 没有得到数据支持,因此团队激情在个体层面的调节作用假设不成立。

团队激情的产生是建立在团队成员对工作环境及工作任务的深刻认知基

第六章 变革领导力对团队资源拼凑影响的讨论与启示

础上的(许科等，2013)，表现为一种强烈的激情反应(Chen et al.，2015)，经过团队成员之间的相互影响而被放大。团队成员在团队激情的渲染下，能够表现出更强的团队凝聚力(Kozlowski & Bell，2003)，同时团队激情可以被视为激发团队导向变革领导力作用效果的外部因素，提升了其对团队认同的影响力。聚焦于团队的变革型领导向团队成员传达的信息和关心更容易被团队成员所接受，不仅会增强团队成员对团队目标的承诺，还会使团队成员为了实现团队目标更加努力奉献(Wang et al.，2014)，从而使其对所属团队产生更高的团队认同感。

研究结果表明，团队激情正向调节个体导向变革领导力与员工建言之间关系的假设不成立。本研究认为产生这种结果的原因可能有以下三点：第一，根据社会交换理论，团队激情表现为团队成员面对工作环境产生的一种工作态度，而员工建言是一种角色外行为，员工是否愿意提出建言更多是建立在信任的基础上(许科等，2013)，尤其对于新创企业而言，由于成立时间短，员工与领导间可能还未建立足够多的信任，因此不能单靠外在压力推动建言。第二，有学者发现，员工即使在宽松的外部环境下也未必会主动建言(Detert & Edmondson，2011)，建言作为一种个体主动性行为更多是由自我决定和自我认知触发的，内部动机对员工建言的影响更为重要。而团队激情对于员工而言更多地表现为一种外部动机，因此可能对个体导向变革领导力与员工建言之间的作用关系并不明显。第三，建言的提出是建立在员工具备一定的工作能力基础上的，如果员工仅有激情而缺少必要的知识和能力，那么他也不会提出有建设性的意见，因此团队激情可能需要与其他因素相结合才能够加强个体导向变革领导力对员工建言的正向影响，单独强调团队激情的调节作用可能会导致加强作用并不明显。所以假设10没有得到数据支持。

第六，团队知识治理能力调节作用的讨论。本研究探索了团队知识治理能力在中介变量与因变量之间的调节效应，提出假设12和假设13，认为团队知识治理能力不仅对员工建言与团队资源拼凑之间的关系起到正向调节作用，而且对团队认同与团队资源拼凑之间的关系同样起到正向调节作用。研究结果表明，只有一条假设通过了验证，即假设12成立，团队知识治理能力正向调节员工建言与团队资源拼凑之间的关系得到了数据支持，而假设13没有得到数据支持，因此团队知识治理能力正向调节团队认同与团队资源拼凑之间的关系的假设不成立。

研究结果表明，团队知识治理能力正向调节团队认同与团队资源拼凑之间的关系的假设不成立。本研究认为产生这种结果可能是由于新创企业"小而新"的特性，大部分新创企业还未建立完善的制度和组织结构，且新创企业中的工作团队可能还不具备很好的知识治理能力。此外，由于团队知识治理能力更多是作用在制度层面的能力（张生太等，2015），为了协调不同知识活动，可能会对某些知识行为造成一定的约束，从而可能会在一定程度上削弱团队的创造性，团队资源拼凑的效果受团队知识治理能力的影响而减弱。例如，在一个研发团队中，某项技术开发需要调动多种资源，制度越完善，调动所需资源可能需要花费的时间越长，研发团队利用资源的效率降低，从而导致研究周期延长。因此，团队知识治理能力正向调节团队认同与团队资源拼凑之间的关系的作用并不显著。

第二节　管理实践启示

在管理实践方面，本研究具有重要的启示作用。具体来讲，包括以下几个方面。

第一，从企业管理的视角，鼓励企业采用变革型领导方式，能够有效推进团队资源拼凑行为。在复杂多变的环境和时代背景下，以变革为导向的领导方式对企业而言变得尤为重要。研究结果表明变革领导力对团队资源拼凑具有积极作用，无论从个体层面还是从团队层面都充分肯定了这种正向影响。对于新创企业而言，适当地进行资源拼凑能够为企业带来更多的利益。作为一种创新资源战略，资源拼凑的过程是复杂多变的，领导者通过运用变革领导力能够更好地为团队塑造创新氛围，从而实现团队资源拼凑效果最大化，并通过拼凑的方式进行创造性探索和利用手边现有资源以突破资源约束，进而为新企业未来成长和发展提供有利的资源基础。潘罗斯（Penrose，1959）曾指出即使不同企业以看上去相似的资源为开端，这些资源的利用效果也可能

第六章 变革领导力对团队资源拼凑影响的讨论与启示

存在巨大差异，领导者在认知能力上的差异，会导致其依照不同的方法整合和利用资源。而且不同管理者的天赋和经验的差异也会使其对资源的利用存在明显的差异，正是这些行为上的差异最终导致了竞争企业之间存在的资源异质性(Steffens et al., 2010)。因此，本研究建议领导者构建变革型领导认知，提高领导者的领导素养，加强其对员工的影响力，在深入了解团队信息的基础上，为团队构建明确且切实可行的愿景规划，并且用树立榜样和鼓舞士气的方式使员工为团队目标贡献更多努力。同时，领导者还应该积极与下属进行沟通和互动，提供个性化关怀和咨询服务，与之建立起彼此信任的关系，从而营造一种宽松的氛围，这为员工产生创造性思维提供良好的环境基础，进而推动团队资源拼凑的实现。

第二，从人力资源管理的视角，领导应鼓励员工积极建言。建言作为一种自下而上的积极反馈，需要领导的支持和鼓励。研究结果表明，个体导向变革领导力能够促进员工建言，并且员工心理安全度能够正向调节这两者之间的关系。由于员工建言本质上是具有一定风险性的行为，在实践中，领导者应该为员工构建一个安全氛围，通过沟通、设立信箱、允许匿名向高层领导发电子邮件等方式保证员工建言的安全性。同时，领导还可以营造一种公平信任的文化氛围、营造员工能够畅所欲言的环境来促进员工建言的发生。此外，管理者还应该建立一个有效的建言反馈机制，首先保证员工建言能够通过有效的途径传达给领导，可以通过座谈会、调查问卷或征集某项意见的活动等多种方式；然后领导通过内部系统或当面交流等方式，根据建言内容以认真负责的态度及时作出恰当反馈，保护员工的建言意愿和心理，最好是领导能够根据建言是否采纳及重要程度给予员工恰当的表扬和奖励，提高员工建言的积极性和主动性；最后领导应该及时将采纳的建言内容落实到相关部门或相应人员，保证建言的有效性和及时性，并对后续发展及时跟进，考察建言落实的效率和结果。

第三，从团队建设的视角，领导应关注如何提高团队认同水平。团队认同是团队成员对团队目标、信念、规范、价值观、利益等的高度认可，对团队行为具有重要的促进推动作用。研究结果表明，团队导向变革领导力能够促进团队认同，进而影响团队资源拼凑。如果员工对所属团队没有认同感，他可能不会将团队的利益视为自身的利益，也不会将团队目标视为自身目标，那么团队的创新氛围将不会影响员工的创新活动，员工也将不会具有任何使命感和参与感，表现出抵触情绪，游离于团队之外，团队领导的领导效力也会随之减弱。因此，在实践中，领导者需要构建具有包容性的文化氛围，主动了解团队成员的需求，塑造对团队成员有影响力的团队身份，制定便于团队成员接受的价值观和规章制度，表现出公平公正的态度，这些行为都能够提高员工对团队的认同水平。当团队认同感提高后，员工会以团队成员身份为荣，进而具有更充分的动机和动力维护团队利益，并为达成团队目标付出更多努力。

第四，从企业管理的视角，领导应重视并培养知识治理能力。知识作为创新的基础，对企业发展具有重要战略意义。因此，企业应该努力构建完善的知识治理体系，加强知识治理能力，鼓励员工积极参与知识相关活动，加强不同员工或部门间的交流和了解，有利于团队内部知识的流动和整合。研究结果表明，团队知识治理能力能够正向调节员工建言与团队资源拼凑的关系。在知识治理能力的作用下，团队会表现出高水平的知识创造能力和创新绩效。在实践中，领导者首先应明确对各项知识活动的人员分工，构建完善的知识治理机制，成立专业的知识治理小组或委员会，为团队乃至企业的知识管理活动提供专门指导或建议。然后，对现有知识治理流程进行优化，通过简化知识管理流程或制定相关标准等方式，缩短知识治理时间，优化知识治理过程。最后，通过使用恰当的知识治理机制，提高团队的知识创造能力，如建言机制、激励体系、授权机制等，在一定程度上能够调动员工创新的积极性，加强员工的创新意愿，有利于知识创造过程的发生。

第七章 结论与展望

第一节 研究的主要结论

本研究基于变革领导理论、资源拼凑理论、知识治理理论、社会认同理论、资源基础理论与自我决定理论等研究，构建变革领导力对团队资源拼凑影响的理论模型，深入剖析了个体层面和团队层面变革领导力对团队资源拼凑的作用路径。并分别利用员工建言和团队认同作为个体和团队层面的中介变量，探讨变革领导力与团队资源拼凑的间接作用关系。然后结合员工心理安全、团队激情和团队知识治理能力的相关概念，探究其在上述路径中的调节效应，并提出具体研究假设。

随后本研究采用问卷调查方式，在长春和深圳两个城市通过纸质版、电子版和问卷星相结合的方式发放调查问卷，最终获得有效问卷396份。然后利用Amos22.0软件和SPSS17.0软件对样本数据进行了验证性因子分析和可靠性分析，检验样本数据的信度和效度，随后利用SPSS17.0软件对样本数据进行同源偏差分析、描述性统计分析、相关分析和多元线性回归分析，以检验本研究提出的理论假设。分析结果显示，本研究提出的大部分假设得到了数据支持(11/13)。研究结果表明，个体导向变革领导力和团队导向变革领导力对团队资源拼凑均具有积极影响，在个体层面，变革领导力是通过员工建言作为中间路径产生作用；而在团队层面，变革领导力是通过团队认同作为中间路径产生作用。此外，员工心理安全能够正向调节个体导向变革领导力与员工建言的关系，但团队激情对这两者的调节作用并不显著，团队激情能够正向调节团队导向变革领导力与团队认同的关系。团队知识治理能力对员工建言与团队资源拼凑的关系有正向调节作用，但是对团队认同与团队资源拼凑之间的调节作用并不显著。

第二节　研究的创新性

本研究以解决新创企业中工作团队的资源拼凑实践问题、弥补现有理论研究不足为出发点，结合变革领导理论、资源拼凑理论、知识治理理论、社会认同理论、资源基础理论和自我决定理论，借鉴变革领导力、员工建言、员工心理安全、团队认同、团队激情、团队知识治理能力和团队资源拼凑相关文献内容，构建出变革领导力对团队资源拼凑影响的理论模型，从个体和团队层面分别分析了变革领导力对团队资源拼凑的影响路径，提出了相关研究假设，并通过对样本数据进行多元回归分析验证了相关假设。在此研究过程中，本书具有多个方面的创新内容，具体包括以下四点。

(1)本研究从团队层面界定了团队资源拼凑的概念，不仅丰富和完善了资源拼凑的相关内涵，还为资源拼凑的研究提供了新的视角。现有关于资源拼凑的研究更多关注组织层面(Cunha，2005)，并将其视为创业者个人或创业企业的行为(梁强等，2013；苏芳等，2016)，缺少对团队层面的探讨。然而资源拼凑不仅可以发生在管理层，还可以作用于执行层(Cunha，2005)。随着知识经济时代的到来，团队已经逐渐成了新创企业中的执行主体(Frazier，2009)，团队的能力和行为对企业生存和发展具有关键作用。因此，探索团队层面的资源拼凑行为具有重要的现实意义，研究团队资源拼凑的作用机理也成为亟待解决的问题。针对现有理论文献的研究缺失，本研究对团队资源拼凑的概念进行了明确界定，不仅在定义上体现了创新性，还具有一定的理论和现实意义。

(2)本研究从变革和创造的视角，考察了变革领导力对团队资源拼凑的解

第七章 结论与展望

释和预测作用,并从个体和团队两个层面解读变革领导力对团队资源拼凑的影响,对于从新的层面和视角拓展资源拼凑的研究具有重要意义。在复杂多变的环境和时代背景下,以变革为导向的领导方式对新创企业而言尤为重要。资源拼凑本质上是一种创造性行为,在拼凑的过程中存在很多不确定性,这时领导者的变革性和创造性就显得更加重要,而变革领导力是领导变革性和创造性的最直接体现(Wang & Zhu,2011)。因此,本研究从变革和创造的视角,将变革领导力作为团队资源拼凑的驱动因素,具有一定的创新性。

随着跨层面研究的兴起,从不同层面解析变革领导力的构念已成为目前变革领导力研究的前沿和热点问题(Kirkman et al.,2009),虽然已有学者证实了跨层面研究的适用性(Wu et al.,2010),但在学术界对于领导力的跨层面实证研究近几年才刚刚兴起(Schriesheim et al.,2009;Wu et al.,2010;蔡亚华等,2013;李圭泉、刘海鑫,2014;冯彩玲,2017),目前仅有少量研究同时探索了个体导向和团队导向变革领导力的作用过程,关于变革领导力在不同层面的影响机理仍有待深入(冯彩玲,2017)。因此,本研究从个体和团队两个层面分析变革领导力对团队资源拼凑的影响作用,不仅拓展了个体层面向更高层面的研究(Chen et al.,2007),还为领导力与资源拼凑之间关系的研究提供了理论借鉴。

(3)在个体层面,探讨了个体导向变革领导力对团队资源拼凑的影响,并揭示了员工建言和员工心理安全的路径作用,对于探索和挖掘员工在资源拼凑中的作用具有重要意义。现有研究更多从宏观层面揭示新创企业如何实施资源拼凑以及资源拼凑会对新企业产生哪些影响(Preeta & Benjamin,2009;Gundry et al.,2011;Senyard et al.,2014;李非、祝振铎,2014;祝振铎,2015),但却缺乏相应的微观基础(秦剑,2012),员工作为具体任务执行和资源整合利用的主体,其所掌握的知识和能力是确保战略实施成功的关键(Allen et al.,1997),如团队管理者的领导方式和能力决定了员工的工作环境和条件,而这种环境又会影响员工的行为,员工的行为最后会反映到团队绩效上(Foss,2007)。因此,从员工层面分析影响团队资源拼凑的作用路径是非常必要且具有重要意义的。本研究引入员工建言和员工心理安全作为中间路径,以探索影响团队资源拼凑的微观机理,不仅丰富了资源拼凑的相关研究成果，还为团队资源拼凑的实施机制提供了新的思路。

(4)本研究从团队层面解读变革领导力向团队资源拼凑的转化机制，揭示了团队认同、团队激情和团队知识治理能力在团队导向变革领导力转化为团队资源拼凑过程中的路径作用，对于探索和挖掘团队在资源拼凑中的主体作用具有重要意义。以往研究主要关注新创企业或创业者的拼凑行为(苏芳等，2016)，而忽略了团队在企业工作中的主体作用(Frazier，2009；蔡亚华等，2013)，尚未有学者从团队层面解读其对团队资源拼凑的影响和作用机理。团队的工作氛围和能力是确保团队任务顺利完成的关键，团队认同、团队激情和团队知识治理能力作为团队工作氛围和能力的直接体现，在团队导向变革领导力与团队资源拼凑之间具有重要的路径作用。因此，本研究引入团队认同、团队激情和团队知识治理能力作为中间变量，从团队层面探索变革领导力影响团队资源拼凑的过程，在一定程度上填补了团队情境对团队资源拼凑的影响机理，具有一定的创新性。

第三节　研究局限及未来展望

本研究分别从个体层面和团队层面考察了变革领导力对团队资源拼凑的影响机理，得出了较丰富的研究结论，然而随着研究工作的不断深入，笔者发现本研究仍存在一些研究局限，有待在后续研究中进一步完善与探讨，同时也为未来深入研究提供了研究方向。

(1)调研样本的选取具有一定的局限性。虽然本研究对调查问卷的设计和发放投入了大量精力，且最终回收的有效问卷也通过了信度检验、效度检验和同源偏差分析，但是由于时间、地域和成本上的限制，样本取样较为困难，本研究仅选取了长春和深圳两个城市进行调研，在一定程度上可能限制了调研结果的推广。且本研究在每家企业只选取了一位团队领导和两名直接下属在同一时间回答问卷，虽然通过配对的方式让领导与员工分别回答不同问题，但是由于数据来源相同可能会产生一定的偏差进而影响研究结论的解释力。因此，笔者认为在未来研究中可以拓宽调研范围，选取更多且更具有代表性

第七章 结论与展望

的地区进行调研,并采取不同来源和不同时间段分别收集数据,扩大样本数量和样本来源,以提高研究结果的普遍性和适用性。同时,未来也可以尝试使用其他分析工具(如结构方程模型、多层线性模型等)或更多的研究方法(如案例分析、扎根理论等)对该研究问题进行深入分析,以增强研究结果的完整性。

(2)研究情境方面的局限性。现有关于资源拼凑的文献其研究情境相对局限(于晓宇等,2017),学者更多地关注新创企业中资源拼凑的作用机理(Senyard et al.,2014;Stenholm & Renko,2016;赵兴庐、张建琦,2016;左莉、周建林,2017),还未有学者探索在新创企业的不同发展阶段乃至其他类型企业(如家族企业、民营企业、国有企业等)中的资源拼凑行为(苏敬勤、林菁菁,2016)。在企业不同发展阶段,其规模与所能掌握的资源各不相同,且不同类型企业具备的关系网络或适用的政策也具有很大的差异性,因此研究不同情境下的资源拼凑行为是有必要和有意义的。所以在今后的研究中,可以根据新企业的不同发展阶段或不同企业类型研究资源拼凑的作用机理,并比较其影响的差异性。

(3)横截面数据具有一定的局限性。本书采用的是同一时间调研的横截面数据进行实证分析,但是横截面数据具有静态性,只能体现调研时间节点的情况,然而资源拼凑具有一定的过程性,使用横截面数据进行分析在一定程度上会限制其因果解释能力。因此,未来研究可以采取纵向跟踪或深度案例研究的方法,记录不同时间节点的动态变化,以补充或修正获取的动态数据,进而增加研究结果的准确性和可信度。

(4)缺少对资源拼凑负面效应的研究。已有学者提出资源拼凑并不都会对企业产生积极影响,同样也会带来一定的负面效应(Senyard et al.,2010;2014)。研究发现,虽然拼凑能够提供创造性的解决方案,但是如果过度依赖拼凑也会有一些限制和缺点(Baker & Nelson,2005;Senyard et al.,2014)。任何积极影响都有其适用的情境,当企业过度依赖拼凑时就会产生相反的效果,因为不断修补和试验不同资源组合是一种人力资源和财力资源上的浪费(Ciborra,2002),尤其对于新创企业而言,企业本身已经处于资源紧张的状态中,因此可能无法承受这种浪费。由此可见,拼凑有时对企业是有利的,有时却是不利的,而如何把握拼凑的"度"是每个企业管理者都应当重视的问题。因此,未来研究可以探讨如何削弱资源拼凑带来的消极影响,以及研究资源拼凑的退出机制对新企业战略的制定和实施具有重要意义。

参考文献

[1] AGLE B R, NAGARAJAN N J, SONNENFELD J A, et al. Does CEO Charisma Matter? An Empirical Analysis of the Relationships among Organizational Performance, Environmental Uncertainty, and Top Management Team Perceptions of CEO Charisma [J]. The Academy of Management Journal, 2006, 49(1): 161-174.

[2] AHMAD S, SCHROEDER R G. The impact of human resource management practices on operational performance: recognizing country and industry differences [J]. Journal of Operations Management, 2003, 21(1): 19-43.

[3] AKHAVAN P, JAFARI M, FATHIAN M. Critical success factors of knowledge management systems: a multi-case analysis [J]. European Business Review, 2006, 18 (2): 97-113.

[4] ALAVI M, Leidner D E. Review: Knowledge Management and Knowledge Management Systems: Conceptual Foundations and Research Issues [J]. MIS Quarterly, 2001, 25(1): 107-136.

[5] ALDRICH H E. Organizations Evolving [M]. Newbury Park, CA: Sage Publications, 1999.

[6] AMABILE T M, DEJONG W, LEPPER M R. Effects of externally imposed deadlines on subsequent intrinsic motivation [J]. Journal of Personality & Social Psychology, 1976, 34(1): 92-98.

[7] ANDREAS S, DAVID P, SID H. KM governance: the mechanisms for guilding and controlling KM programs [J]. Journal of Knowledge Management, 2012, 16(1): 3-21.

[8] ANSOFF H I. The Emerging Paradigm of Strategic Behavior [J]. Strategic Management

Journal, 1987, 8(6): 501-515.

[9] ANTONELLI C. Models of knowledge and systems of governance [J]. Journal of Institutional Economics, 2005, 1(1): 51-71.

[10]ARAGÓN-CORREA J A, GARCÍA-MORALES V J, CORDÓN-POZO E. Leadership and organizational learning's role on innovation and performance: Lessons from Spain [J]. Industrial marketing management, 2005, 36(3): 349-359.

[11]ASHFORTH B E, HARRISON S H, CORLEY K G. Identification in Organizations: An Examination of Four Fundamental Questions [J]. Journal of Management, 2008, 34(3): 325-374.

[12]ASHFORTH B E, MAEL F. Social identity theory and the organization [J]. Academy of Management Review, 1989, 14(1): 20-39.

[13]BAER M, FRESE M. Innovation is not enough: climates for initiative and psychological safety, process innovations, and firm performance [J]. Journal of Organizational Behavior, 2003, 24(1): 45-68.

[14]BAGOZZI R P, YI Y. On the evaluation of structural equation models [J]. Journal of the Academy of Marketing Science, 1988, 16(1): 74-94.

[15]BAKER T, MINER D, EESLEY D T. Improvising firms: Bricolage, account giving and improvisational competency in the founding process [J]. Research Policy, 2003, 32(2): 255-276.

[16]BAKER T, NELSON R E. Creating something from nothing: Resource construction through entrepreneurial bricolage [J]. Administrative Science Quarterly, 2005, 50(3): 329-366.

[17]BANERJEE P M, CAMPBELL B A. Inventor bricolage and firm technology research and development [J]. R & D Management, 2009, 39(5): 473-487.

[18] BARNEY J. Firm Resources and Sustained Competitive Advantage [J]. Journal of Management, 1991, 17(1): 99-120.

[19]BARON R A. The Role of Affect in the Entrepreneurial Process [J]. Academy of Management Review, 2008, 33(2): 328-340.

[20] BARON R M, KENNY D A. The moderator-mediator variable distinction in social psychological research: conceptual, strategic, and statistical considerations [J]. Journal of Personality and Social Psychology, 1986, 51(6): 1173-1182.

[21] BARSADE S G, GIBSON D E. Group emotion: A view from top and bottom [J]. Research on Managing Groups & Teams, 1998, 1: 81-102.

[22] BASS B M, AVOLIO B J, JUNG D I, et al. Predicting unit performance by assessing transformational and transactional leadership [J]. Journal of applied psychology, 2003, 88(2): 207-218.

[23] BASS B M, AVOLIO B J. Improving organizational effectiveness through transformational leadership [M]. Thousand Oaks, CA: Sage Publications. 1994.

[24] BASS B M, AVOLIO B J. MLQ Multifactor leadership questionnaire for research: Permission set [M]. Redwood City, CA: Mind Garden, 1995.

[25] BASS B M. Leadership and performance beyond expectations [M]. New York: Free Press, 1985.

[26] BAUM J R, LOCKE E A. The relationship of entrepreneurial traits, skill, and motivation to subsequent venture growth [J]. Journal of Applied Psychology, 2004, 89(4): 587-598.

[27] WU J B, TSUI A S, KINICKI A J. Consequences of differentiated leadership in groups [J]. Academy of Management Journal, 2010, 53(1): 90-106.

[28] BENOUNICHE M, ZWARTEVEEN M, KUPER M. Bricolage as innovation: opening the black box of drip irrigation systems [J]. Irrigation & Drainage, 2015, 63(5): 651-658.

[29] BIRASNAV M, RANGNEKAR S, DALPATI A. Transformational leadership and human capital benefits: the role of knowledge management [J]. Leadership & Organization Development Journal, 2011, 32(2): 106-126.

[30] BONO J E, JUDGE T A. Self-Concordance at Work: Toward Understanding the Motivational Effects of Transformational Leaders [J]. The Academy of Management Journal, 2003, 46(5): 554-571.

[31] BREUGST N, DOMURATH A, PATZELT H, et al. Perceptions of Entrepreneurial Passion and Employees' Commitment to Entrepreneurial Ventures [J]. Entrepreneurship Theory & Practice, 2012, 36(1): 171-192.

[32] BREWER M B. The Social Self: On Being the Same and Different at the Same Time [J]. Personality & Social Psychology Bulletin, 1991, 17(5): 475-482.

[33] BROWN S P, LEIGH T W. A new look at psychological climate and its relationship to

job involvement, effort, and performance [J]. Journal of Applied Psychology, 1996, 81 (4): 358-368.

[34] BRUSH C G, CARTER N M, GATEWOOD E J, et al. The use of bootstrapping by women entrepreneurs in positioning for growth [J]. Venture Capital, 2006, 8(1): 15-31.

[35] BURKE C S, STAGL K C, SALAS E, et al. Understanding team adaptation: a conceptual analysis and model [J]. Journal of Applied Psychology, 2006, 91(6): 1189-1207.

[36] BURNS J M. Leadership [M]. New York: Harper and Row. 1978.

[37] CAO Y, XIANG Y. The impact of knowledge governance on knowledge sharing [J]. Chinese Management Studies, 2013, 7(1): 36-52.

[38] CARBONNEAU N, VALLERAND R J, MASSICOTTE S. Is the practice of yoga associated with positive outcomes? The role of passion [J]. The Journal of Positive Psychology, 2010, 5(6): 452-465.

[39] CARDON M S, GLAUSER M. Entrepreneurial Passion: Sources and Sustenance [C]. Washington D. C.: Wilson Center for Social Entrepreneurship, 2011.

[40] CARDON M S, GREGOIRE D A, STEVETS C E, et al. Measuring entrepreneurial passion: Conceptual foundations and scale validation [J]. Journal of Business Venturing, 2013, 28(3): 373-396.

[41] CARDON M S, WINCENT J, SINGH J, et al. The Nature and Experience of Entrepreneurial Passion [J]. The Academy of Management Review, 2009, 34(3): 511-532.

[42] CARDON M S, ZIETSMA C, SAPARITO P, et al. A tale of passion: New insights into entrepreneurship from a parenthood metaphor [J]. Journal of Business Venturing, 2005, 20(1): 23-45.

[43] CARMELI A, BRUELLER D, DUTTON J E. Learning behaviours in the workplace: The role of high - quality interpersonal relationships and psychological safety [J]. Systems Research & Behavioral Science, 2010, 26(1): 81-98.

[44] CHANDLER G N, DETIENNE D R, MCKELVIE A, et al. Causation and effectuation processes: A validation study [J]. Journal of Business Venturing, 2009, 26(3): 375-390.

[45] CHEN G, BLIESE P D. The role of different levels of leadership in predicting self-and collective efficacy: evidence for discontinuity [J]. Journal of Applied Psychology, 2002, 87(3): 549-556.

[46] CHEN G, KANFER R, DESHON R P, et al. The motivating potential of teams: Test and extension of Chen and Kanfer's (2006), cross-level model of motivation in teams [J]. Organizational Behavior & Human Decision Processes, 2009, 110(1): 45-55.

[47] CHEN G, KANFER R. Toward a System Theory of Motivated Behavior in Work Teams [J]. Research in Organizational Behavior, 2006, 27: 223-267.

[48] CHEN G, KIRKMAN B L, KANFER R, et al. A multilevel study of leadership, empowerment, and performance in teams [J]. Journal of Applied Psychology, 2007, 92(2): 331-346.

[49] CHEN X P, LIU D, HE W. Does passion fuel entrepreneurship and job creativity? A review and preview of passion research [M] // In C. E. Shalley, M. Hitt, & J. Zhou (Eds.). The oxford handbook of creativity, innovation, and entrepreneurship: Multilevel linkages. Oxford: Oxford University Press, 2015, 159-175.

[50] CHENEY G. Organizational identification as process and product: A field study [D]. West Lafayette: Purdue University, 1982.

[51] CHIU C M, HSU M H, WANG E T G. Understanding knowledge sharing in virtual communities: An integration of social capital and social cognitive theories [J]. Decision Support Systems, 2007, 42(3): 1872-1888.

[52] CHOI C J, CHENG P, HILTON B, et al. Knowledge governance [J]. Journal of Knowledge management, 2005, 9(6): 67-75.

[53] CHURCHILL G A. A Paradigm for Developing Better Measures of Marketing Constructs [J]. Journal of Marketing Research, 1979, 16(1): 64-73.

[54] CIBORRA C U. The labyrinths of information [M]. Oxford: Oxford University Press, 2002.

[55] CONNER K R, PRAHALAD C K. A resource-based theory of the firm: knowledge versus opportunism [J]. Organization Science, 1996, 7(5): 477-501.

[56] CREMER D D, KNIPPENBERG D V, DIJK E V, et al. Cooperatingif one's Goals are Collective-Based: Social Identification Effects in Social Dilemmas as a Function of Goal-Transformation [J]. Journal of Applied Social Psychology, 2008, 38(6): 1562-1579.

[57] CROSS B, TRAVAGLIONE A. The untold story: is the entrepreneur of the 21st century defined by emotional intelligence? [J]. International Journal of Organizational Analysis, 2013, 11(3): 221-228.

[58] CUNHA M P. Bricolage in Organizations [R]. Lisboa: Working Paper, Faculdade de Economia, University Nova de Lisboa, 2005.

[59] DANSEREAU F, ALUTTO J A, YAMMARINO F J. Theory testing in organizational behavior: The varient approach [M]. Englewood Lliffs, NJ: Prentice Hall, 1984.

[60] DANSEREAU F, YAMMARINO F J, KOHLES J C. Multiple Levels of Analysis from a Longitudinal Perspective: Some Implications for Theory Building [J]. Academy of Management Review, 1999, 24(2): 346-357.

[61] DAVENPORT T H, PRUSAK L. Working Knowledge [C] Boston: Harvard Business School Press, 2010.

[62] DAVIDSSON P. The entrepreneurship research challenge [M]. Aldershot: Edward Elgar Publishing, 2008.

[63] DECHARMS R. Personal causation [M]. New Jersey: Lawrence Eribaum Associates, 1968.

[64] DECI E L, CASCIO W F. Changes in Intrinsic Motivation as a Function of Negative Feedback and Threats [J]. Behavioral Science Research, 1972, 19 (4): 1-24.

[65] DECI E L, RYAN R M. Facilitating optimal motivation and psychological well-being across life's domains [J]. Canadian Psychology, 2008, 49(1): 14-23.

[66] DECI E L, RYAN R M. Handbook of Self - Determination Research [M]. New York: The University of Rochester Press, 2002.

[67] DECI E L, RYAN R M. The "What" and "Why" of Goal Pursuits: Human Needs and the Self-determination of Behavior [J]. Psychological Inquiry, 2000, 11(4): 227-268.

[68] DECI E L, RYAN R M. The general gausality orientations Scale: Self- determination in personality [J]. Journal of Research in Personality, 1985, 19(2): 109-134.

[69] DECI E L. Intrinsic Motivation [M]. New York: Plenmu, 1975.

[70] DELMAR F, SHANE S. Does Business Planning Facilitate the Development of New Ventures? [J]. Strategic Management Journal, 2003, 24(12): 1165-1185.

[71] DELMAR F, SHANE S. Legitimating first: Organizing activities and the survival of new ventures [J]. Journal of Business Venturing, 2004, 19(3): 385-410.

[72] DEMSETZ H. The Theory of the Firm Revisited [J]. The Journal of Law, Economics and Organization, 1988, 4(1): 141-161.

[73] DEPRET E F, FISKS S T. Social cognition and power: Some cognitive consequences of social structure as a source of control deprivation [M]. New York: Springer Verlag, 1993.

[74] DESA G, BASU S. Optimization or Bricolage? Overcoming Resource Constraints in Global Social Entrepreneurship [J]. Strategic Entrepreneurship Journal, 2013, 7(1): 26-49.

[75] DESIVILYA H S, SOMECH A, LIDGOSTER H. Innovation and Conflict Management in Work Teams: The Effects of Team Identification and Task and Relationship Conflict [J]. Negotiation & Conflict Management Research, 2010, 3(1): 28-48.

[76] DETERT J R, BURRIS E R. Leadership Behavior and Employee Voice: Is the Door Really Open? [J]. The Academy of Management Journal, 2007, 50(4): 869-884.

[77] DETERT J R, EDMONDSON A C. Everyday failuresin organizational learning: Explaining the high threshold for speaking up at work [R]. Working Paper, Cambridge, MA: Harvard Business School, 2006.

[78] DICK R V, GROJEAN M W, CHRIST O, et al. Identity and the Extra Mile: Relationships between Organizational Identification and Organizational Citizenship Behaviour [J]. British Journal of Management, 2006, 17(4): 283-301.

[79] DICK R V. MyJobisMyCastle: Identification in Organizational Contexts [M] // International Review of Industrial and Organizational Psychology. New York: John Wiley & Sons, Ltd, 2004.

[80] DIMMOCKA J A, GROVEA J R, EKLUNDA R C. Reconceptualizing Team Identification: New Dimensions and Their Relationship to Intergroup Bias [J]. Group Dynamics: Theory Research, and Practice, 2005, 9(2): 75-86.

[81] DOMENICO M L D, HAUGH H, TRACEY P. Social Bricolage: Theorizing Social Value Creation in Social Enterprises [J]. Entrepreneurship Theory & Practice, 2010, 34(4): 681-703.

[82] DONG I J, CHOW C, WU A. The role of transformational leadership in enhancing organizational innovation: Hypotheses and some preliminary findings [J]. Leadership Quarterly, 2003, 14(4): 525-544.

[83]DOOSJE B, ELLEMERS N, SPEARS R. Perceived Intragroup Variability as a Function of Group Status and Identification [J]. Journal of Experimental Social Psychology, 1995, 31(5): 410-436.

[84]DOSI G, MALERBA F. Organizational Learning and Institutional Embeddedness [M]// Organization and Strategy in the Evolution of the Enterprise. London: Palgrave Macmillan, 1996.

[85] DUCKETT H, MACFARLANE E. Emotional intelligence and transformational leadership in retailing [J]. Leadership Organization Development Journal, 2003, 24(6): 309-317.

[86]DUKERICH J M, GOLDEM B R, SHORTELL S M. Beauty Is in the Eye of the Beholder: The Impact of Organizational Identification, Identity, and Image on the Cooperative Behaviors of Physicians [J]. Administrative Science Quarterly, 2002, 47(3): 507-533.

[87]DUTTON J E, ASHFORD S J. Selling Issues to Top Management [J]. Academy of Management Review, 1993, 18(3): 397-428.

[88]DUTTON J E, HARQUAIL D C V. Organizational Images and Member Identification [J]. Administrative Science Quarterly, 1994, 39(2): 239-263.

[89]DYER J H, HATCH N W. Using supplier networks to learn faster [J]. MIT Sloan Management Review, 2004, 45(3): 57-64.

[90] EDMONDSON A C. Managing the Risk of Learning: Psychological Safety in Work Teams [M]// International Handbook of Organizational Teamwork and Cooperative Working. New York: John Wiley & Sons Ltd, 2008: 255-275.

[91] EDMONDSON A C. Psychological safety, trust, and learning in organizations: A group-level lens [M]. New York: Russell Sage Foundation, 2004.

[92]EDMONDSON A C. Speaking Up in the Operating Room: How Team Leaders Promote Learning in Interdisciplinary Action Teams [J]. Journal of Management Studies, 2003, 40(6): 1419-1452.

[93]EDMONDSON A C. The Local and Variegated Nature of Learning in Organizations: A Group-Level Perspective [J]. Organization Science, 2002, 13(2): 128-146.

[94]EDMONDSON A C. Psychological Safety and Learning Behavior in Work Teams [J]. Administrative Science Quarterly, 1999, 44(2): 350-383.

[95] EDWARDS M R, PECCEI R. Organizational identification: Development and testing of a conceptually grounded measure [J]. European Journal of Work & Organizational Psychology, 2007, 16(1): 25-57.

[96] EISENBERGER R, ARMELI S. Can Salient Reward Increase Creative Performance Without Reducing Intrinsic CreativeInterest? [J]. Journal of Personality & Social Psychology, 1997, 72(3): 652-663.

[97] ELIZABETH W M. Employee Voice Behavior: Integration and Directions for Future Research [J]. Academy of Management Annals, 2011, 5(1): 373-412.

[98] YAMMARINO F J, DIONNE S D, CHUN J U, et al. Leadership and levels of analysis: A state-of-the-science review [J]. Leadership Quarterly, 2005, 16 (6): 879-919.

[99] ELLEMERS N, DE GILDER D, HASLAM S A. Motivating Individuals and Groups at Work: A Social Identity Perspective on Leadership and Group Performance [J]. Academy of Management Review, 2004, 29(3): 459-478.

[100] ELLEMERS N, KORTEKAAS P, OUWERKERK J W. Self-categorisation, commitment to the group and group self-esteem as related but distinct aspects of social identity [J]. European Journal of Social Psychology, 1999, 29(2-3): 371-389.

[101] EVANS N J, JARVIS P A. Group Cohesion: A Review and Reevaluation [J]. Small Group Research, 1980, 11(4): 359-370.

[102] FERNELEY E, BELL F. Using bricolage to integrate business and information technology innovation in SMEs [J]. Technovation, 2006, 26(2): 232-241.

[103] FIEDLER F E. A theory of leadership effectiveness [M]. New York: McGraw-Hill. 1967.

[104] FIOL C M, LYLES M A. Organizational learning [J]. Academic Management Review, 1985, 17 (5): 808-813.

[105] FOREST J, MAGEAU G A, SARRAZIN C, et al. "Work is my passion": The different affective, behavioural, and cognitive consequences of harmonious and obsessive passion toward work [J]. Canadian Journal of Administrative Sciences, 2011, 28(1): 27-40.

[106] FORNELL C, LARCKER D F. Evaluating Structural Equation Models with Unobservable Variables and Measurement Error [J]. Journal of Marketing Research,

1981, 18(1): 39-50.

[107] FOSS N J, HUSTED K, MICHAILOVA S. Governing Knowledge Sharing in Organizations: Levels of Analysis, Governance Mechanisms, and Research Directions [J]. Journal of Management Studies, 2010, 47(3): 455-482.

[108] FOSS N J. More on knight and the theory of the firm [J]. Managerial and Decision Economics, 1993, 14(3): 269-276.

[109] FOSS N J. Sources of subsidiary knowledge and organizational means of knowledge transfer [J]. Journal of International Management, 2002, 8(1): 49-67.

[110] FOSS N J. Alternative Research Strategies in the Knowledge Movement: From Macro Bias to Microfoundations and Multi-level Explanation [J]. European Management Review, 2009, 6(1): 16-28.

[111] FOSS N J. The Emerging Knowledge Governance Approach [J]. Organization, 2007, 14(1): 29-52.

[112] FRAZIER G L, MALTZ E, ANTIA K D, et al. Distributors Sharing of Strategic Information with Suppliers [J]. Journal of Marketing, 2009, 73(4): 31-43.

[113] FUGLSANG L. Bricolage and Invisible Innovation in Public Service [J]. Journal of Innovation Economics, 2010, 1(5): 67-87.

[114] GARUD R, KARNOE P. Bricolage versus breakthrough: Distributed and embedded agency in technology entrepreneurship [J]. Research Policy, 2003, 32(2): 277-300.

[115] GEORGE J M. Personality, affect, and behavior in groups [J]. Journal of Applied Psychology, 1990, 75(2): 107-116.

[116] GHEMAWAT P. Commitment: The Dynamic of Strategy [M]. New York: Free Press, 1991.

[117] GILLESPIE N A, Mann L. Transformational leadership and shared values: the building blocks of trust [J]. Journal of Managerial Psychology, 2004, 19(6): 588-607.

[118] GLASSER W. Positive addiction [M]. New York: Harper & Row, 1976.

[119] GLYNN M A, Kazanjian R, Drazin R. Fostering Innovation in Complex Product Development Settings: The Role of Team Member Identity and Interteam Interdependence [J]. Journal of Product Innovation Management, 2010, 27(7): 1082-1095.

[120] GRANDORI A. Governance structures, coordination mechanisms and cognitive models [J]. Journal of Management & Governance, 1997, 1(1): 29-42.

[121] GRANDORI A. Neither Hierarchy nor Identity: Knowledge-Governance Mechanisms and the Theory of the Firm [J]. Journal of Management and Governance, 2001, 5(3-4): 381-399.

[122] GRANT R M. Prospering in dynamically competitive environments: organizational capability as knowledge integration [J]. Organization Science, 1996, 7(4): 375-387.

[123] GRANT R M. The resource-based theory of competitive advantage: Implication for strategy formulation [J]. California Management Review, 1991, 33(3): 114-135.

[124] GROSS N, MARTIN W E. On Group Cohesiveness [J]. American Journal of Sociology, 1952, 57(6): 546-564.

[125] GUNDRY L K, KICKUL J R, GRIFFITHS M D, et al. Entrepreneurial bricolage and innovation ecology: Precursors to social innovation? [J]. Frontiers of Entrepreneurship Research, 2011, 31(19): 659-673.

[126] GUPTA V K, HUANG R, YAYLA A A. Social Capital, Collective Transformational Leadership, and Performance: A Resource-Based View of Self-Managed Teams [J]. Journal of Managerial Issues, 2011, 23(1): 31-45.

[127] HALL R. A framework linking intangible resources and capabilites to sustainable competitive advantage [J]. Strategic Management Journal, 1993, 14(8): 607-618.

[128] HALL R. The strategic analysis of intangible resources [J]. Strategic Management Journal, 1992, 13(2): 135-144.

[129] HALME M, LINDEMAN S, LINNA P. Innovation for Inclusive Business: Intrapreneurial Bricolage in Multinational Corporations [J]. Journal of Management Studies, 2012, 49(4): 743-784.

[130] HAN G, HARMS P D. Team identification, trust and conflict: a mediation model [J]. International Journal of Conflict Management, 2010, 21(1): 20-43.

[131] HARPER S, WHITE C D. The impact of member emotional intelligence on psychological safety in work teams [J]. Journal of Behavioral & Applied Management, 2013, 15(1): 2-10.

[132] HAUTALA T M. The relationship between personality and transformational leadership [J]. Journal of Management Development, 2006, 25(8): 777-794.

[133] HE J, WANG H C. Innovative Knowledge Assets and Economic Performance: The Asymmetric Roles of Incentivesand Monitoring [J]. Academy of Management Journal, 2009, 52(5): 919-938.

[134] HEIMAN B, NICKERSON J A. Towards reconciling transaction cost economics and the knowledge-based view of the firm: The context of interfirm collaborations [J]. International Journal of The Economies of Business, 2002, 19(1): 97-116.

[135] HEIRMAN A, CLARYSSE B. How and why do research-based start-ups differ at founding? A resource-based configurational perspective [J]. The Journal of Technology Transfer, 2004, 29(3): 247-268.

[136] HENRY K B, ARROW H, CARINI B. A Tripartite Model of Group Identification [J]. Small Group Research, 1999, 30(5): 558-581.

[137] HIRSCHHORN L. Managing in the new group environment: Skills, tools, and methods [M]. Lincoln, NE: Authors Choice Press, 1991.

[138] HIRSCHMAN A. Exit, voice, and loyalty: responses to decline in firms, organizations, and states [M]. Cambridge, MA: Harvard University Press, 1970.

[139] HO V T, WONG S S, LEE C H. A Tale of Passion: Linking Job Passion and Cognitive Engagement to Employee Work Performance [J]. Journal of Management Studies, 2011, 48(1): 26-47.

[140] HONIG B, KARLSSON T. Institutional forces and the written business plan [J]. Journal of Management, 2004, 30(1): 29-48.

[141] HORNSEY M J, HOGG M A. The effects of status on subgroup relations [J]. British Journal ofSocial Psychology, 2002, 41(2): 203.

[142] HSIUNG H H. Authentic Leadership and Employee Voice Behavior: A MultiLevel Psychological Process [J]. Journal of Business Ethics, 2012, 107(3): 349-361.

[143] HUSTED. Socialization Tactics as a Governance Mechanism in R&D Collaborations [M] // Knowledge Governance Processes and Perspectives. Oxford: Oxford university press, 2009.

[144] ITAMI H, ROEHL T W. Mobilizing invisible assets [M]. Cambridge, MA: Harvard University Press, 1987, 2.

[145] JACKSON J W. Intergroup Attitudes as a Function of Different Dimensions of Group Identification and Perceived Intergroup Conflict [J]. Self & Identity, 2002, 1(1):

11-33.

[146] JANS L, POSTMES T, KI V D Z. The induction of shared identity: the positive role of individual distinctiveness for groups [J]. Personality & Social Psychology Bulletin, 2011, 37(8): 1130-1141.

[147] KAHN W A. Psychological conditions of personal engagement and disengagement at work [J]. Academy of Management Journal, 1990, 33(4): 692-724.

[148] KANUNGO R N, MISRA S. The bases of involvement in work and family contexts [J]. International Journal of Psychology, 1986, 23(1-6): 267-282.

[149] KARK R, SHAMIR B, CHEN G. The two faces of transformational leadership: empowerment and dependency [J]. Journal of Applied Psychology, 2003, 88(2): 246-254.

[150] KARK R, SHAMIR B. The influence of transformational leadership on followers' relational versus collective self-concept [J]. Academy of Management Annual Meeting Proceedings, 2002, 2002(1): i-D6.

[151] KASSER T, RYAN R M. A dark side of the American dream: Correlates of financial success as a central life aspiration [J]. Journal of Personality and Social Psychology, 1993, (65): 410-422.

[152] KASSER T, RYAN R M. Further examining the American dream: Differential correlates of intrinsic and extrinsic goals [J]. Personnlity and Social Psychology Bulletin, 1996, (22): 80-87.

[153] KICKUL J, GUNDRY M D, GRIFFITHS L. Innovating for Social Impact: Is Bricolage the Catalyst for Change? [J]. Entrepreneurship Theory and Practice, 2010, 25(1): 64-87.

[154] KIRKMAN B L, CHEN G, FARH J L, et al. Individual power distance orientation and follower reactions to transformational leaders: A cross-level, cross-cultural examination [J]. Academy of Management Journal, 2009, 52(4): 744-764.

[155] KLEIN K J, DANSEREAU F, HALL R J. Levels Issues in Theory Development, Data Collection, and Analysis [J]. Academy of Management Review, 1994, 19(2): 195-229.

[156] KNIPPENBERG D V, ELLEMERS N. Social identity and group performance: Identification as the key to group-oriented effort [M]. London: Psychology Press

, 2003.

[157] KNIPPENBERG D V, HOGG M A. A social identity model of leadership effectiveness in organizations [J]. Research in Organizational Behavior, 2003, 25(25): 243-295.

[158] KNIPPENBERG D V. Work Motivation and Performance: A Social Identity Perspective [J]. Applied Psychology An International Review, 2000, 49(3): 357-371.

[159] KOGUT B, ZANDER U. Knowledge of the firm and the evolutionary theory of the multinational corporation [J]. Journal of International Business Studies, 1993, 24(4): 625-645.

[160] KOGUT B, Zander U. Knowledge of the Firm, Combinative Capabilities, and the Replication of Technology [J]. Organization Science, 1992, 3(3): 383-397.

[161] KORTE R F. A review of social identity theory with implications for training and development [J]. Journal of European Industrial Training, 2007, 31(3): 166-180.

[162] KOZLOWSKI S W J, BELL B S. Work Groups and Teams in Organizations [M] // Handbook of Psychology. New York: John Wiley & Sons, Inc. 2003.

[163] KOZLOWSKI S W J, KLEIN K J. A multilevel approach to theory and research in organizations: Contextual, temporal, and emergent processes [M]. San Francisco, CA: Jossey-Bass, 2000.

[164] LANZARA G F, PATRIOTTA G. Technology and the courtroom: An inquiry into knowledge making in organizations [J]. Journal of Management Studies, 2001, 38(7): 943-971.

[165] LANZARA G F. Between transient constructs and persistent structures: Designing systems in action [J]. Journal of Strategic Information Systems, 1999, 8(4): 331-349.

[166] LANZARA G F. Self-destructive processes in institution building and some modest countervailing mechanisms [J]. European Journal of Political Research, 1998, 33(1): 1-39.

[167] LAWSON B, PETERSEN K J, COUSINS P D, et al. Knowledge Sharing in Interorganizational Product Development Teams: The Effect of Formal and Informal Socialization Mechanisms [J]. Journal of Product Innovation Management, 2009, 26(2): 156-172.

[168] LEE F, EDMONDSON A C, THOMKE S, et al. The Mixed Effects of Inconsistency

on Experimentation in Organizations [J]. Organization Science, 2004, 15 (3): 310-326.

[169] LEE H. The role of competence-based trust and organizational identification in continuous improvement [J]. Journal of Managerial Psychology, 2004, 19 (6): 623-639.

[170] LEPINE J A, DYNE L V. Voice and Cooperative Behavior as Contrasting Forms of Contextual Performance [J]. Journal of Applied Psychology, 2001, 86(2): 326-336.

[171] LEPPER M R, GREENE D, NISBETT R E. Undermining children's intrinsic interest with extrinsic reward: A test of the "overjustification" hypothesis [J]. Journal of Personality & Social Psychology, 1973, 28(1): 129-137.

[172] LEVI-STRAUSS C. The Savage Mind [M]. Chicago: University of Chicago Press, 1967.

[173] LIANG J, FARH C I C, FARH J L. Psychological Antecedents of Promotive and Prohibitive Voice: A Two-Wave Examination [J]. Academy of Management Journal, 2012, 55(1): 71-92.

[174] LIANG J, FARH J L. Promotive and Prohibitive Voice Behavior in Organizations: A Two-wave Longitudinal Examination [R]. Guangzhou: In Annual Meeting of International Association for Chinese Management Research, 2008.

[175] ZAHRA Z A. A conceptual model of entrepreneurship as firm behavior: a critique and extension [J]. Entrepreneurship Theory and Practice, 1993, 17(4): 5-21.

[176] LIND E A, BOS K V D. When fairness works: Toward a general theory of uncertainty management [J]. Research in Organizational Behavior, 2002, 24(2): 181-223.

[177] LIU D, CHEN X P, YAO X. From autonomy to creativity: a multilevel investigation of the mediating role of harmonious passion [J]. Journal of Applied Psychology, 2011, 96(2): 294.

[178] LIU W, ZHU R, YANG Y. I warn you because I like you: Voice behavior, employee identifications, and transformational leadership [J]. Leadership Quarterly, 2010, 21 (1): 189-202.

[179] MADHOK A. The organization of economic activity: Transaction coSt8, firm capabilities, and the nature of governance [J]. Organization Science, 1996, 7(5): 577-590.

[180] MAEL F A, TETRICK L E. Identifying Organizational Identification [J]. Educational & Psychological Measurement, 1992, 52(4): 813-824.

[181] MEAL F, ASHFORTH B E. Alumni and Their Alma Mater: A Partial Test of the Reformulated Model of Organizational Identification [J]. Journal of OrganizationalBehavior, 1992, 13(2): 103-123.

[182] MAGEAU G A, VALLERAND R J, ROUSSEAU F L, et al. Passion and Gambling: Investigating the Divergent Affective and Cognitive Consequences of Gambling [J]. Journal of Applied Social Psychology, 2005, 35(1): 100-118.

[183] MAHONEY J T. The management of resources and the resource of management [J]. Journal of Business Research, 1995, 33(2): 91-101.

[184] MAIR J, MARTI I. Entrepreneurship in and around institutional voids: A case study from Bangladesh [J]. Journal of Business Venturing, 2009, 24(5): 419-435.

[185] MAY D R, GILSON R L, HARTER L M. The psychological conditions of meaningfulness, safety and availability and the engagement of the human spirit at work [J]. Journal of Occupational & Organizational Psychology, 2004, 77(1): 11-37.

[186] MAYER K J. Spillovers and governance: an analysis of knowledge and reputational spillovers in information technology [J]. Academy of Management Journal, 2006, 49(1): 69-84.

[187] MESMER-MAGNUS J R, DECHURCH L A. Information sharing and team performance: a meta-analysis [J]. Journal of Applied Psychology, 2009, 94(2): 535-546.

[188] MILLIKEN F J, MORRISON E W, HEWLIN P F. An Exploratory Study of Employee Silence: Issues that Employees Don't Communicate Upward and Why [J]. Journal of Management Studies, 2003, 40(6): 1453-1476.

[189] MOORMAN C, MINER A S. The Convergence of Planning and Execution: Improvisation in New Product Development [J]. Journal of Marketing, 1998, 62(3): 1-20.

[190] MOSSHOLDER K W. Effects of externally mediated goal setting on intrinsic motivation: A laboratory experiment [J]. Journal of Applied Psychology, 1980, 65(2): 202-210.

[191] NEMBHARD I M, EDMONDSON A C. Making It Safe: The Effects of Leader Inclusiveness and Professional Status on Psychological Safety and Improvement Efforts in Health Care Teams [J]. Journal of Organizational Behavior, 2006, 27(7): 941-966.

[192] NG T W H, FELDMAN D C. Employee voice behavior: A meta-analytic test of the conservation of resources framework [J]. Journal of Organizational Behavior, 2012, 33(2): 216-234.

[193] NICKERSON J A, ZENGER T R. Acknowledge-based theory of the firm: the problem-solving perspective [J]. Organization Science, 2004, 15(6): 617-632.

[194] NIMON K, ZIGARMI D, HOUSON D, et al. The Work Cognition Inventory: Initial evidence of construct validity [J]. Human Resource Development Quarterly, 2011, 22(1): 7-35.

[195] NUNNALLY J C, BERNSTEIN I H. Psychometric Theory [J]. American Educational Research Journal, 1967, 5(3): 83.

[196] OLAVARRIETA S, FRIEDMANN R. Market-oriented culture, knowledge-related resources, reputational assets and superior performance: aconceptual framework [J]. Journal of Strategic Marketing, 1999, 7(4): 215-228.

[197] OLIVER A, EVILA A P, CRISTINA R. Cirius, Altius, Fortius? Community-Enabled Bricolage and the growth of entrepreneurial ventures [C]. Denmark: Druid, Copenhagen, 2012.

[198] OTTEN S, MUMMENDEY A. To our benefit or at your expense? Justice considerations in intergroup allocations of positive and negative resources [J]. Social Justice Research, 1999, 12(1): 19-38.

[199] OXLEY J E, SAMPSON R C. The scope and governance of international R&D alliances [J]. Strategic Management Journal, 2004, 25(8/9): 723-749.

[200] ZHANG X, LI N, ULLRICH J, et al. Getting everyone on boards on top management team effectiveness and leader-rated firm performance: The effect of differentiated transformational leadership by CEO [J]. Journal of Management, 2013, 41(7): 1898-1933.

[201] PEARSALL M J, ELLIS A P. Thick as thieves: the effects of ethical orientation and psychological safety onunethical team behavior [J]. Journal of Applied Psychology,

2011, 96(2): 401-411.

[202] PEDERSEN. Knowledge Governance and Value Creation [A]. In Mahnke V, Pederson T (eds.). Knowledge Flows, Governance and the Multinational Enterprise. London: Palgrave Macmillan, 2004, 3-17.

[203] PELTOKORPI V. Knowledge Governance in a Japanese Project-based Organization [J]. Knowledge Management Research, 2006, 4(1): 36-45.

[204] PEMSEL S, WIEWIORA A, MÜLLER R, et al. A conceptualization of knowledge governance in project-based organizations [J]. International Journal of Project Management, 2014, 32(8): 1411-1422.

[205] PENROSE E, PENROSE E T, PITELIS C. The theory of the growth of the firm [M]. Oxford: Oxford University Press, 2009.

[206] PENROSE E. The Theory of the Growth of the Firm [M]. Oxford: Oxford University Press, 1959.

[207] PETERAF M A. The Cornerstones of Competitive Advantage: A Resource-Based View [J]. Strategic Manayement Journal 1993, 14(3): 179-191.

[208] PHIPPS S T A, PRIETO L C. The influence of personality factors on transformational leadership: exploring the moderating role of political skill [J]. International Journal of Leadership Studies, 2011, 6(3): 430-447.

[209] PINDER C C, HARLOS K P. Employee silence: Quiescence and acquiescence as responses to perceived injustice [J]. Research in Personnel & Human Resources Management, 2001, 20: 331-369.

[210] PODSAKOFF P M, MACKENZIE S B, LEE J Y, et al. Common method biases in behavioral research: a critical review of the literature and recommended remedies [J]. Journal of Appliecl Psycholagy, 2003, 88(5): 879-903.

[211] PODSAKOFF P M, Mackenzie S B, Moorman R H, et al. Transformational leader behaviors and their effects on followers' trust in leader, satisfaction, and organizational citizenship behaviors [J]. Leadership Quarterly, 1990, 1(2): 107-142.

[212] POWELL T C. Total quality management as competitive advantage: A review and empirical study [J]. Strategic Management Journal, 1995, 16(1): 15-37.

[213] PRAHALAD C K, HAMEL G. The core competence of the corporation [J]. Harvard Business Review, 1990, 5/6(3): 79-91.

[214]ZHU X M, BAO M X. Substitutes or complements? Individual-focused and group-focused transformational leadership in different organizational structures in new firms [J]. Leadership & Organization Development Journal, 2017, 38(5): 699-718.

[215]PREMEAUX S F, BEDEIAN A G. Breaking the Silence: The Moderating Effects of Self-Monitoring in Predicting Speaking Up in the Workplace [J]. Journal of Management Studies, 2003, 40(6): 1537-1562.

[216]PREMEAUX S F, BEDEIAN A G. Breaking the Silence: The Moderating Effects of Self-Monitoring in Predicting Speaking Up in the Workplace [J]. Journal of Management Studies, 2003, 40(6): 1537-1562.

[217]RIKETTA M, DICK R V. Foci of attachment in organizations: A meta-analytic comparison of the strength and correlates of workgroup versus organizational identification and commitment [J]. Journal of Vocational Behavior, 2005, 67(3): 490-510.

[218]RÖNKKÖ M, PELTONEN J, ARENIUS P. Selective or Parallel? Toward Measuring the Domains of Entrepreneurial Bricolage [J]. Advances in Entrepreneurship Emergence and Growth, 2013, 15(1): 43-61.

[219]RONY J A. Les passions (The passions) [M]. Paris: Presses Universitaires de France, 1990.

[220]ROUSSEAU D M. Why workers still identify with organizations [J]. Journal of Organizational Behavior, 1998, 19(3): 217-233.

[221]RYAN R M, CONNELL J P. Perceived locus of causality and internalization: Examining reasons for acting in two domains [J]. Journal of Personality and Social Psychology, 1989(57): 749-761.

[222]RYAN R M, DECI E L. Self-determination Theory and the Facilitation of Intrinsic Motivation, Social Development, and Well-being [J]. American Psychologist, 2000, 55(1): 68-78.

[223]SACKS M H. Psychology of running [M]. Linois: Human Kinetics Publishers, 1981.

[224]SANCHEZ R, HEENE A. Managing articulated knowledge in competence-based competition [M]. Chichester: John Wiley and Sons, 1997.

[225]SCHEIN E H, BENNIS W G. Personal and organizational change through group methods: the laboratory approach [M]. New York: Wiley, 1965.

[226] SCHEPERS J, WETZELS M, RUYTER K D. Leadership styles in technology acceptance: do followers practice what leaders preach? [J]. Managing Service Quality, 2005, 15(6): 496-508.

[227] SCHRIESHEIM C A, WU J B, SCANDURA T A. A meso measure? Examination of the levels of analysis of the Multifactor Leadership Questionnaire (MLQ) [J]. Leadership Quarterly, 2009, 20(4): 604-616.

[228] SCHUMPETER J. The theory of economic development [M]. Cambridge: Harvard University Press, 1934.

[229] SEGUIN-LEVESQUE C, LALIBERTEA M L N, PELLETIER L G, et al. Harmonious and Obsessive Passion for the Internet: Their Associations With the Couple's Relationship [J]. Journal of Applied Social Psychology, 2003, 33(1): 197-221.

[230] SELZNICK P. Leadership in Administration: A Sociological Interpretation, Row, Peterson and Company [M]. New York: Free Press, 1957.

[231] SENYARD J M, BAKER T, DAVIDSSON P. Entrepreneurial bricolage: Towards systematic empirical testing [J]. Thin-Walled Structures, 2009, 49(4): 502-512.

[232] SENYARD J M, BAJER T, STEFFENS P R. Entrepreneurial bricolage and firm performance: moderating effects of firm change and innovativeness [R]. Montreal: 2010 Annual Meeting of the Academy of Management, 2010.

[233] SENYARD J, BAKER T, SETFFENS P, et al. Bricolage as a Path to Innovativeness for Resource-Constrained New Firms [J]. Journal of Product Innovation Management, 2014, 31(2): 211-230.

[234] SHAMIR B, HOUSE R J, ARTHUR M B. The Motivational Effects of Charismatic Leadership: A self-concept theory [J]. Organizational Science, 1993, 4(4): 577-594.

[235] SHELDON K M, KASSER T. Pursuing personal goals: Skills enable progress but not all progress is beneficial [J]. Personality and Social Psychology Bulletin, 1998(24): 1319-1331.

[236] SHELDON S B. Parents' Social Networks and Beliefs as Predictors of Parent Involvement [J]. Elementary School Journal, 2002, 102(4): 301-316.

[237] SHEPHERD D A, DOUGLAS E J, SHANLEY M. New venture survival: Ignorance, external shocks, and risk reduction strategies [J]. Journal of Business Venturing,

2000, 15(5-6): 393-410.

[238] SMILOR R W. Entrepreneurship: Reflections on a subversive activity [J]. Journal of Business Venturing, 1997, 12(5): 341-346.

[239] SOMECH A, DESIVILYA H S, LIDOGOSTER H. Team conflict management and team effectiveness: the effects of task interdependence and team identification [J]. Journal of Organizational Behavior, 2009, 30(3): 359-378.

[240] SPENCE J T, ROBBINS A S. Workaholism: definition, measurement, and preliminary results [J]. Journal of Personality Assessmen, 1992, 58(1): 160-178.

[241] SPENDER J C. Making knowledge the basis of a dynamic theory of the firm [J]. Strategic Management Journal, 1996, 17(S2): 45-62.

[242] STEFFENS P R, BAKER T, SENYARD J M. Betting on the underdog: bricolage as an engine of resource advantage. Proceedings of Annual Meeting of the Academy of Management [C]. Montreal: Proceedings of Annual Meeting of the Acaclemy, 2010.

[243] STENHOLM P, RENKO M. Passionate bricoleurs and new venture survival [J]. Journal of Business Venturing, 2016, 31(5): 595-611.

[244] STINCHCOMBE A L. Social structure and organizations in J. G. March (Ed.). Handbook of Organizations [C]. Chicago: Rand McNally, 1965.

[245] TAJFEL H, BILLIG M G, Bundy R P. Social categorization and intergroup behaviour [J]. European Journal of Social Psychology, 1971, 1(2): 149-178.

[246] TAJFEL H, TURNER J C. The Social Identity Theory of Intergroup Behavior [J]. Political Psychology, 1986, 13(3): 7-24.

[247] TAJFEL H. Experiments in Ingroup Discrimination [J]. Scientific American, 1970, 223(5): 96.

[248] TAJFEL H. Social psychology of intergroup relations [J]. Annual Review of Psychology, 1982, 33(1): 1-39.

[249] TAJFEL H. Human Groups and Social Categories [M]. New York: Cambridge University Press, 1972.

[250] TEECE D G, PISANO G, SHUEN A. Dynamic capabilities and strategic management [J]. Strategic Management Journal, 1997, 18(7): 509-533.

[251] TSE H H M, CHIU W C K. Transformational leadership and job performance: A social identity perspective [J]. Journal of Business Research, 2014, 67(1):

2827-2835.

[252] TURNER J C, OAKES P J, HASLAM S A, et al. Self and Collective: Cognition and Social Context [J]. Personality & Social Psychology Bulletin, 1994, 20(5): 454-463.

[253] ZIGARMI D, NIMON K, HOUSON D, et al. Beyond Engagement: Toward a Framework and Operational Definition for Employee Work Passion [J]. Human Resource Development Review, 2009, 8(3): 300-326.

[254] ZYNGIER S, BURSTEIN F, MCKAY J. The Role of Knowledge Management Governance in the Implementation of Strategy [R]. IEEE: Proceedings of the 39th Hawaii International Conference on System Sciences, 2006, 104-115.

[255] TYNAN R. The Effects of Threat Sensitivity and Face Giving on Dyadic Psychological Safety and Upward Communication [J]. Journal of Applied Social Psychology, 2005, 35(2): 223-247.

[256] VALLERAND R J, BLANCHARD C, MAGEAU G A, et al. Les passions de l'âme: On obsessive and harmonious passion [J]. Journal of Personality & Social Psychology, 2003, 85(4): 756-767.

[257] VALLERAND R J, HOULFORT N. Passion at work [J]. Emerging perspectives on values in organizations, 2003: 175-204.

[258] VALLERAND RJ, MAGEAU G A, ELLIOT A J, et al. Passion and performance attainment in sport [J]. Psychology of Sport & Exercise, 2008, 9(3): 373-392.

[259] VALLERAND R J. Intrinsic and Extrinsic Motivation in Sport [J]. Encyclopedia of Applied Psychology, 2004: 427-435.

[260] VALLERAND R J. The role of passion in sustainable psychological well-being [J]. Psychology of Well-Being: Theory, Research and Practice, 2012, 2(1): 1-21.

[261] VAN DYNE L, LEPINE J A. Helping and Voice Extra-Role Behaviors: Evidence of Construct and Predictive Validity [J]. Academy of Management Journal, 1998, 41(1): 108-119.

[262] VEGT G S V D, BUNDERSON J S. Learning and Performance in Multidisciplinary Teams: The Importance of Collective Team Identification [J]. Academy of Management Journal, 2005, 48(3): 532-547.

[263] WALTER F, BRUCH H. Structural impacts on the occurrence and effectiveness of transformational leadership: An empirical study at the organizational level of analysis

[J]. The Leadership Quarterly, 2010, 21(5): 765-782.

[264]WALUMBWA F O, AVOLIO B J, ZHU W. How transformational leadership weaves its influence on individual job performance: the role of identification and efficacy beliefs [J]. Personnel Psychology, 2008, 61(4): 793-825.

[265]WALUMBWA F O, SCHAUBROECK J. Leader personality traits and employee voice behavior: mediating roles of ethical leadership and work group psychological safety [J]. Journal of Applied Psychology, 2009, 94(5): 1275-1286.

[266]WANG H, LAW K S, HACKETT R D, et al. Leader-Member exchange as a mediator of the relationship between transformational leadership and followers performance and organizational citizenship behavior [J]. Academy of Management Journal, 2005, 48(3): 420-432.

[267] WANG P, ZHU W. Mediating Role of Creative Identity in the Influence of Transformational Leadership on Creativity: Is There a Multilevel Effect? [J]. Journal of Leadership & Organizational Studies, 2011, 18(1): 25-39.

[268]WANG X H, HOWELL J M. Exploring the Dual-Level Effects of Transformational Leadership on Followers [J]. Journal of Applied Psychology, 2010, 95(6): 1134-1144.

[269] WATERMAN A S. Two conceptions of happiness: Contrasts of personal expressiveness (eudaimonia) and hedonic enjoyment [J]. Journal of Personality & Social Psychology, 1993, 64(4): 678-691.

[270] WARNERFELT B. A resource-based view of the firm [J]. Strategicmanagement Journal, 1984, 5(1): 171-180.

[271]WEST M A, ANDERSON N R. Innovation in top management teams [J]. Journal of Applied Psychology, 1996, 81(6): 680-693.

[272]WILLIAMS H M, PARKER S K, TURNER N. Proactively performing teams: The role of work design, transformational leadership, and team composition [J]. Journal of Occupational and Organizational Psychology, 2010, 83(2): 301-324.

[273]WITHEY M J, COOPER W H. Predicting Exit, Voice, Loyalty, and Neglect [J]. Administrative Science Quarterly, 1989, 34(4): 521-539.

[274]蔡莉, 单标安, 朱秀梅, 等. 创业研究回顾与资源视角下的研究框架构建——基于扎根思想的编码与提炼[J]. 管理世界, 2011(12): 160-169.

[275] 蔡亚华, 贾良定, 尤树洋, 等. 差异化变革型领导对知识分享与团队创造力的影响: 社会网络机制的解释[J]. 心理学报, 2013, 45(5): 585-598.

[276] 曹勇, 向阳. 企业知识治理、知识共享与员工创新行为——社会资本的中介作用与吸收能力的调节效应[J]. 科学学研究, 2014, 32(1): 92-102.

[277] 陈晓萍, 徐淑英, 樊景立. 组织与管理研究的实证方法[M]. 北京: 北京大学出版社, 2012.

[278] 段锦云, 黄彩云. 变革型领导对员工建言的影响机制再探: 自我决定的视角[J]. 南开管理评论, 2014, 17(4): 98-109.

[279] 段锦云. 中国背景下建言行为研究: 结构、形成机制及影响[J]. 心理科学进展, 2011, 19(2): 185-192.

[280] 冯彩玲. 差异化变革型领导对员工创新行为的跨层次影响[J]. 管理评论, 2017, 29(5): 120-130.

[281] 郭桂梅, 段兴民. 自我决定理论及其在组织行为领域的应用分析[J]. 经济管理, 2008, (6): 24-29.

[282] 郭静静. 企业员工组织认同结构维度及其相关研究[D]. 广州: 暨南大学, 2007.

[283] 蒿坡, 龙立荣, 贺伟. 共享型领导如何影响团队产出? 信息交换、激情氛围与环境不确定性的作用[J]. 心理学报, 2015, 47(10): 1288-1299.

[284] 何立, 凌文辁. 领导风格对员工工作绩效的作用: 组织认同和工作投入的影响[J]. 企业经济, 2010, (11): 65-68.

[285] 何一清, 崔连广, 张敬伟. 互动导向对创新过程的影响: 创新能力的中介作用与资源拼凑的调节作用[J]. 南开管理评论, 2015, 18(4): 96-105.

[286] 黄旭, 程林林. 西方资源基础理论评析[J]. 财经科学, 2005(3): 94-99.

[287] 景保峰. 家长式领导对员工建言行为影响的实证研究[D]. 广州: 华南理工大学, 2012.

[288] 李非, 祝振铎. 基于动态能力中介作用的创业拼凑及其功效实证[J]. 管理学报, 2014, 11(4): 562-568.

[289] 李圭泉, 刘海鑫. 差异化变革型领导对知识共享的跨层级影响效应研究[J]. 软科学, 2014, 28(12): 116-119.

[290] 李宏利, 郁巧玲. 组织背景下的工作激情[J]. 心理与行为研究, 2013, 11(6): 849-853.

[291] 李怀祖. 管理研究方法论(第2版)[M]. 西安: 西安交通大学出版社, 2004.

[292]李锐,凌文铨,柳士顺.上司不当督导对下属建言行为的影响及其作用机制[J].心理学报,2009,41(12):1189-1202.

[293]梁建.道德领导与员工建言:一个调节-中介模型的构建与检验[J].心理学报,2014,46(2):252-264.

[294]梁祺,雷星晖,苏涛永.知识治理研究综述[J].情报科学,2012,31(12):74-80.

[295]梁强,罗英光,谢舜龙.基于资源拼凑理论的创业资源价值实现研究与未来展望[J].外国经济与管理,2013,35(5):14-22.

[296]栾琨,谢小云.国外团队认同研究进展与展望[J].外国经济与管理,2014,36(4):57-64.

[297]栾琨.团队共享认同和团队创造力关系[D].杭州:浙江大学,2016.

[298]马昀.资源基础理论的回顾与思考[J].经济管理,2001,(12):23-27.

[299]彭川宇.知识员工心理契约与其态度行为关系研究[D].成都:西南交通大学,2008.

[300]邱功英,龙立荣.威权领导与下属建言的关系:一个跨层分析[J].科研管理,2014,35(10):86-93.

[301]任荣.组织认同、团队认同对合作研发绩效的影响——概念模型及相关假说[J].经济管理,2011,(12):84-92.

[302]任志安.企业知识共享网络理论及其治理研究[D].成都:西南交通大学,2006.

[303]芮正云,罗瑾琏.企业创新搜寻策略的作用机理及其平衡——一个中国情境下的分析框架与经验证据[J].科学学研究,2016,34(5):771-780.

[304]苏芳,毛基业,谢卫红.资源贫乏企业应对环境剧变的拼凑过程研究[J].管理世界,2016,(8):137-149.

[305]苏敬勤,林菁菁.国有企业的自主创新:除了政治身份还有哪些情境因素?[J].管理评论,2016,28(3):230-240.

[306]孙永磊,宋晶,陈劲.差异化变革型领导、心理授权与组织创造力[J].科学学与科学技术管理,2016,37(4):137-146.

[307]孙瑜,王惊.变革型领导和员工建言:心理授权的中介作用[J].税务与经济,2015,198(1):28-33.

[308]王健友.知识治理的起源与理论脉络梳理[J].外国经济与管理,2007,29(6):19-26.

[309]王雎.开放式创新下的知识治理——基于认知视角的跨案例研究[J].南开管理评论,2009,12(3):45-53.

[310]王帅英.开放式创新对创新绩效的影响[D].大连:东北财经大学,2011.

[311] 王彦斌. 管理中的组织认同 [M]. 北京：人民出版社，2004.

[312] 吴明隆. 结构方程模型：AMOS 的操作与应用 [M]. 重庆：重庆大学出版社，2010.

[313] 吴志平，陈福添. 中国文化情境下团队心理安全气氛的量表开发 [J]. 管理学报，2011，8(1)：73-80.

[314] 肖云. 高新技术企业知识治理机制与知识治理绩效的关系研究 [D]. 杭州：杭州电子科技大学，2015.

[315] 许正良. 管理研究方法 [M]. 长春：吉林大学出版社，2004.

[316] 薛红志，牛芳. 国外创业计划研究前沿探析 [J]. 外国经济与管理，2009，31(2)：1-7.

[317] 严晓辉. 员工建言的影响因素及对策 [J]. 江苏商论，2011，(9)：140-142.

[318] 杨春华. 资源基础理论及其未来研究领域 [J]. 商业研究，2010，(7)：26-29.

[319] 杨华. 变革型领导对员工创新绩效的影响研究 [D]. 广州：华南理工大学，2012.

[320] 杨皎平，侯楠，邓雪. 基于团队认同对学习空间调节作用的成员异质性对团队创新绩效的影响研究 [J]. 管理学报，2014，11(7)：1021-1028.

[321] 姚伟. 知识治理研究回顾：成因、现象、表现维度、机理及作用综述 [J]. 软科学，2013，27(11)：121-126.

[322] 于静静，赵曙明. 员工建言行为研究前沿探析与未来展望 [J]. 外国经济与管理，2013，35(5)：23-30.

[323] 于晓宇，李雅洁，陶向明. 创业拼凑研究综述与未来展望 [J]. 管理学报，2017，14(2)：306-316.

[324] 余光胜. 企业知识理论导向下的知识管理研究新进展 [J]. 研究与发展管理，2005(3)：70-76.

[325] 余光胜. 一种全新的企业理论(上)——企业知识理论 [J]. 外国经济与管理，2000(2)：8-10.

[326] 张爱丽. 国内外知识治理研究综述 [J]. 中国科技论坛，2011，17(12)：122-127.

[327] 张建琦，安雯雯，尤成德，等. 基于多案例研究的拼凑理念、模式双元与替代式创新 [J]. 管理学报，2015，12(5)：647-656.

[328] 张建琦，吴亮，赵兴庐. 企业拼凑模式选择对创新结果的影响——基于领域双元的研究视角 [J]. 科技进步与对策，2015，32(11)：61-66.

[329] 张剑，宋亚辉，叶岚，等. 工作激情研究：理论及实证 [J]. 心理科学进展，2014，22(8)：1269-1281.

[330] 张剑，张建兵，李跃，等. 促进工作动机的有效路径：自我决定理论的观点 [J]. 心理

科学进展，2010，18(5)：752-759.

[331]张剑，张微，宋亚辉.自我决定理论的发展及研究进展评述［J］.北京科技大学学报（社会科学版），2011，27(4)：131-137.

[332]张启尧，孙习祥.战略导向、绿色资源拼凑与绿色新创企业绩效关系的实证研究［J］.管理现代化，2016，36(6)：46-48.

[333]张生太，王亚洲，张永云，等.知识治理对个体知识共享行为影响的跨层次分析［J］.科研管理，2015，36(2)：133-144.

[334]张艳清，王晓晖，张秀娟.差异化变革型领导研究述评与展望［J］.外国经济与管理，2015，37(8)：43-53.

[335]张毅.心理授权与个体创新绩效：心理安全的调节效应研究［J］.湖南商学院学报，2013，20(3)：55-61.

[336]张莹瑞，佐斌.社会认同理论及其发展［J］.心理科学进展，2006，14(3)：475-480.

[337]赵兴庐，刘衡，张建琦.冗余如何转化为公司创业？——资源拼凑和机会识别的双元式中介路径研究［J］.外国经济与管理，2017，39(6)：54-67.

[338]赵兴庐，张建琦，刘衡.能力构建视角下资源拼凑对新创企业绩效的影响研究［J］.管理学报，2016，13(10)：1518-1524.

[339]赵兴庐，张建琦.以创业拼凑为过程的新创企业的新颖性形成机制研究［J］.科技管理研究，2016，36(20)：183-189.

[340]赵兴庐，张建琦.资源短缺情境下创业拼凑与新产品开发绩效的关系［J］.湖北经济学院学报，2016，14(5)：80-87.

[341]赵燕梅，张正堂，刘宁，等.自我决定理论的新发展述评［J］.管理学报，2016，13(7)：1095-1104.

[342]周键，王庆金，吴迪.创业激情与政治行为对创业认同的作用机理——基于资源依赖理论的研究［J］.外国经济与管理，2017，39(6)：68-82.

[343]朱秀梅，鲍明旭，王天东.基于二元视角的变革领导力研究演进探析及未来展望［J］.研究与发展管理，2015，27(2)：25-33.

[344]朱雪春，陈万明.知识治理、失败学习与低成本利用式创新和低成本探索式创新［J］.科学学与科学技术管理，2014，35(9)：78-86.

[345]朱玥，王晓辰.服务型领导对员工建言行为的影响：领导-成员交换和学习目标取向的作用［J］.心理科学，2015，38(2)：426-432.

[346]祝振铎，李非.创业拼凑、关系信任与新企业绩效实证研究［J］.科研管理，2017，38

(7):108-116.

[347]祝振铎,李非.创业拼凑对新企业绩效的动态影响——基于中国转型经济的证据[J].科学学与科学技术管理,2014,35(10):124-132.

[348]祝振铎,李新春.新创企业成长战略:资源拼凑的研究综述与展望[J].外国经济与管理,2016,38(11):71-82.

[349]祝振铎.创业导向、创业拼凑与新企业绩效:一个调节效应模型的实证研究[J].管理评论,2015,27(11):57-65.

[350]邹艳春,印田彬.多层次视角下的心理安全研究评述[J].中国人力资源开发,2017(4):66-75;121.

[351]邹竹峰,杨紫鹏.真实型领导对员工建言行为的影响——建言效能感与领导-部属交换的作用[J].中国人力资源开发,2013(21):41-45;51.

[352]左莉,周建林.认知柔性、创业拼凑与新企业绩效的关系研究——基于环境动态性的调节作用[J].预测,2017,36(2):17-23.

附　录

调查问卷(团队成员填写)

尊敬的先生/女士：

您好！首先非常感谢您能抽出宝贵时间填写这份问卷。

我们是吉林大学管理学院的研究人员，本次调查受国家自然科学基金项目的支持，对新企业的相关情况进行深入调研。您的答案对我们非常重要，在回答各项问题时没有对错之分，只要填写的是您的真实感受且问卷回答完整就是对我们的莫大帮助。我们郑重承诺将会对所有参与调研企业的数据保密，仅用于本次学术研究，对您的真诚合作致以衷心的感谢。

本问卷仅限于团队成员填写，共包括两部分内容，第一部分是请您根据所在企业和自身的实际情况选择相应选项；第二部分请您根据所在团队的实际情况对问卷内容作出真实评价，"1"是完全不符合，"7"是完全符合。请您仔细阅读下面每一项问题，在对应的选项上画"√"。

最后，对您的合作表示再次感谢，祝您工作顺利！

第一部分　基本情况

请您判断以下陈述与贵企业实际情况的符合程度，请您在合适的数字上打"√"。

贵企业名称：_____

1. 请问您的性别：□男性　　□女性

2. 请问您的受教育程度为：□初中　□高中或中专　□大专　□本科
□研究生及以上

第二部分　变革领导力、员工建言、员工心理安全、
团队认同及团队激情

请您判断以下陈述与所在团队的实际情况的符合程度，在合适的数字上打"√"。

1、个体导向变革领导力（个性化关怀）	完全不符合　　完全符合
101. 领导能够耐心教导员工，为员工答疑解惑	1　2　3　4　5　6　7
102. 领导会考虑员工其他方面的需求和其具备的能力	1　2　3　4　5　6　7
103. 领导能够帮助员工发挥自己的特长	1　2　3　4　5　6　7
104. 领导能够看出员工与众不同的志向	1　2　3　4　5　6　7
2、个体导向变革领导力（智力刺激）	完全不符合　　完全符合
201. 领导会重新检查做事的方法以确定是否达到标准	1　2　3　4　5　6　7
202. 领导能够从不同的角度看问题	1　2　3　4　5　6　7
203. 领导会从不同角度寻求解决问题的办法	1　2　3　4　5　6　7
204. 领导会建议采用新的方法完成任务	1　2　3　4　5　6　7
3、团队导向变革领导力（理想化影响）	完全不符合　　完全符合
301. 领导灌输以跟随领导的步伐为自豪的观念	1　2　3　4　5　6　7
302. 领导会为了团队利益，不计较个人得失	1　2　3　4　5　6　7
303. 领导能够用某种方式建立起对员工的尊重	1　2　3　4　5　6　7
304. 领导会显示一种力量感和信心	1　2　3　4　5　6　7
4、团队导向变革领导力（行为化影响）	完全不符合　　完全符合
401. 领导谈论自身的价值观和信仰	1　2　3　4　5　6　7
402. 领导强调强烈使命感的重要性	1　2　3　4　5　6　7
403. 领导决策时会考虑伦理道德方面的影响	1　2　3　4　5　6　7
404. 领导强调集体使命感的重要性	1　2　3　4　5　6　7
5、团队导向变革领导力（鼓舞士气）	完全不符合　　完全符合
501. 领导会热衷于探讨需要达成什么目标	1　2　3　4　5　6　7
502. 领导向大家描绘了一个令人向往的未来	1　2　3　4　5　6　7

503. 领导向大家表达达成目标的信心		1 2 3 4 5 6 7
504. 领导能够乐观地谈论未来		1 2 3 4 5 6 7
6. 员工建言	完全不符合	完全符合
601. 我会积极关注影响工作团队的问题并提出建议		1 2 3 4 5 6 7
602. 我会提出影响团队运作管理的问题，并鼓励其他人积极参与解决		1 2 3 4 5 6 7
603. 即使有不同观点或有人反对，我仍会提出工作中出现的问题并积极与其他人交流		1 2 3 4 5 6 7
604. 我会主动了解对工作团队有益的事宜		1 2 3 4 5 6 7
605. 我会提出建设性意见帮助工作团队提高工作质量		1 2 3 4 5 6 7
606. 我会就工作团队的新项目积极主动地提出建议		1 2 3 4 5 6 7
7. 员工心理安全	完全不符合	完全符合
701. 我在工作中表达的看法都是自己的真实感受		1 2 3 4 5 6 7
702. 在工作中，当我有不同意见时，不会遭到故意刁难		1 2 3 4 5 6 7
703. 在工作中表达真实想法是受欢迎的		1 2 3 4 5 6 7
704. 在工作中，我可以大胆自由地表达自己的想法		1 2 3 4 5 6 7
705. 我并不担心在工作中表达真实想法会对自己不利		1 2 3 4 5 6 7
8. 团队认同	完全不符合	完全符合
801. 感觉情感上依附于自己的团队		1 2 3 4 5 6 7
802. 有一种很强的团队归属感		1 2 3 4 5 6 7
803. 觉得团队的问题就是自己的问题		1 2 3 4 5 6 7
804. 感觉自己就是团队大家庭中的一员		1 2 3 4 5 6 7
9. 团队激情	完全不符合	完全符合
901. 作为团队成员，我可以在团队工作中经历各种各样的体验		1 2 3 4 5 6 7
902. 我对团队工作中发现的新事物更有兴趣		1 2 3 4 5 6 7
903. 我的个人优势可以在团队中得到体现		1 2 3 4 5 6 7
904. 团队激情总会影响我的工作状态		1 2 3 4 5 6 7
905. 我的情绪好坏取决于团队工作是否顺利		1 2 3 4 5 6 7

906. 我总以更积极的工作状态感染其他团队成员，进而提高团队工作效率	1 2 3 4 5 6 7

再次感谢您积极的配合和宝贵的时间，如果需要相关的调研信息请与我们联系。

谢谢！

附 录

调查问卷(团队领导填写)

尊敬的先生/女士:

您好!首先非常感谢您能抽出宝贵时间填写这份问卷。

我们是吉林大学管理学院的研究人员,本次调查受国家自然科学基金项目的支持,对新企业的相关情况进行深入调研。您的答案对我们非常重要,在回答各项问题时没有对错之分,只要填写的是您的真实感受且问卷回答完整就是对我们的莫大帮助。我们郑重承诺将会对所有参与调研企业的数据保密,仅用于本次学术研究,对您的真诚合作致以衷心的感谢。

本问卷仅限于团队领导填写,共包括两部分内容,第一部分请您根据所在企业和自身的实际情况选择相应选项;第二部分请您根据所在团队的实际情况对问卷内容作出真实评价,"1"是完全不符合,"7"是完全符合。请您仔细阅读下面每一项问题,在对应的选项上画"√"。

最后,对您的合作再次表示感谢,祝您工作顺利!

第一部分 基本情况

请您判断以下陈述与贵企业实际情况的符合程度,请您在合适的数字上打"√"。

贵企业名称:_____

1. 请问您的工作年限:□<1年 □1~3年 □3~5年 □>5年

2. 贵企业所属行业:□农副食品加工业 □电子元器件制造业 □化工制造业(包括新材料、新能源) □汽车及零部件制造业 □生物及医药 □电子设备制造业 □纺织业(服装制造业) □其他制造业 □建筑业和房地产 □交通运输、仓储和邮政业 □金融业 □批发和零售业 □信息传输、计算机服务和软件业 □住宿和餐饮业 □租赁和商务服务业 □其他

3. 贵企业规模:□1~20人 □21~50人 □51~100人 □101~200人 □200人以上

4. 贵企业创立时间：□<1年　□1~3年　□3~5年　□5~8年

第二部分　团队知识治理能力及团队资源拼凑

请您判断以下陈述与贵企业实际情况的符合程度，在合适的数字上打"√"。

10. 团队知识治理能力	完全不符合　　完全符合
1001. 团队对所有成员都是公平和公正的	1　2　3　4　5　6　7
1002. 团队能够为传递和共享知识的成员提供晋升的机会	1　2　3　4　5　6　7
1003. 工作中，团队成员经常以团队的形式完成任务	1　2　3　4　5　6　7
1004. 团队能鼓励其成员与其他部门合作完成任务	1　2　3　4　5　6　7
1005. 团队能根据团队成员的知识共享程度进行合理的激励	1　2　3　4　5　6　7
1006. 团队具有良好的沟通分享的文化氛围	1　2　3　4　5　6　7
11. 团队资源拼凑	完全不符合　　完全符合
1101. 团队有信心能利用现有资源找到可行的解决方案以应对新挑战	1　2　3　4　5　6　7
1102. 团队愿意利用现有资源应对更多的挑战	1　2　3　4　5　6　7
1103. 团队善用任何现有资源以应对团队工作中出现的新问题或机会	1　2　3　4　5　6　7
1104. 团队通过整合现有资源与廉价获得的资源以应对新挑战	1　2　3　4　5　6　7
1105. 面对新的问题或机会时，团队能找到可行的解决方案并采取行动	1　2　3　4　5　6　7
1106. 通过整合现有资源，团队能够成功应对任何新的挑战	1　2　3　4　5　6　7
1107. 面对新挑战，团队能够组合现有资源使之形成可行的解决方案	1　2　3　4　5　6　7
1108. 团队通过整合原本并未计划应用的资源以成功应对新的挑战	1　2　3　4　5　6　7

再次感谢您积极的配合和宝贵的时间，如果需要相关的调研信息请与我们联系。

谢谢！